la méditation de pleine conscience

Élisabeth Couzon

FIRST
Editions

ISBN : 978-2-7540-8911-1
Dépôt légal : septembre 2016
Imprimé en Italie

Édition : Lisa Marie
Correction : Valérie Gios
Couverture : Olivier Frenot
Mise en page : Cipanga

Éditions First, un département d'Édi8
12, avenue d'Italie
75013 Paris – France
Tél. : 01 44 16 09 00
Fax : 01 44 16 09 01
E-mail : firstinfo@efirst.com
Site Internet : www.editionsfirst.fr

Sommaire

Bienvenue à tous pour l'aventure que nous propose *Le Petit Livre de la méditation de pleine conscience*.

Au-delà du besoin que chacun éprouve de se retrouver et d'entrevoir sa vie dans une perspective plus large, s'ouvre à nous une pratique bouddhiste, vieille de plus de 2 500 ans, qui nous propose de reconnaître en soi une dimension plus profonde à notre humanité.

Laïcisée par certains praticiens de talent, la pratique méditative permet de faire face au stress, à la douleur, de favoriser la guérison et de prévenir la dépression.

Chemin d'éveil et de transformation, elle nous aide à trouver un équilibre émotionnel bienvenu dans un monde de discontinuité et d'agitation. Elle nous propose une façon d'être, vers un état d'éveil optimal, pour atteindre la paix et la liberté intérieures.

Elle ouvre une voie vers le meilleur auquel nous aspirons tous : un monde qui laisse une place de taille à l'amour, la compassion, la gratitude, l'altruisme, la bienveillance et la joie.

Avec *Le Petit Livre de la méditation de pleine conscience*, nous cheminerons ensemble au travers des pratiques simples de méditation que nous pouvons mettre en œuvre dès maintenant et qui nous aideront à commencer à méditer.

1re partie

•

LES FONDEMENTS DE LA MÉDITATION DE PLEINE CONSCIENCE

« Méditer, c'est rester présent, rien de plus. »
Jon Kabat-Zinn, *Au cœur de la tourmente, la pleine conscience*, J'ai lu, 2012.

QU'EST-CE QUE LA MÉDITATION ? QU'EST-CE QUE LA PLEINE CONSCIENCE ?

La méditation, c'est d'abord s'arrêter et faire une pause. C'est se taire et s'immobiliser. Un vrai défi pour certains d'entre nous ! Nous avons tous des agendas débordant d'activités dans un monde en agitation ! Face à ce mouvement permanent, les moments de pause sont d'autant plus nécessaires pour se retrouver.

« Pleine conscience signifie être attentif d'une manière particulière : délibérément, dans le moment présent et sans jugement », Jon Kabat-Zinn.

Une minute de présence !

Offrons-nous quelques instants pour nous arrêter et faire silence à l'intérieur de nous. Que constatons-nous, là, en cet instant ? Sommes-nous conscients de notre corps ? De notre respiration ? De la texture de ce livre dans les mains ? De son poids ? De l'odeur qui en émane ? Restons quelques instants dans ce silence intérieur, laissons passer les pensées sans nous y accrocher. Remarquons ce qui change dans ce présent. Comment est notre respiration à présent ?

L'instant présent

La pleine conscience nous invite à **porter notre attention sur l'instant présent**. Pratiquée depuis des millénaires par les bouddhistes, elle vise à pacifier, à purifier le corps et l'esprit pour permettre d'alléger la souffrance. Elle vise une transformation personnelle grâce à cette reliance du corps et de l'esprit. En réalité, le corps et l'esprit sont comme les deux faces d'une même pièce

de monnaie : s'occuper du corps, c'est s'occuper de son esprit ; s'occuper de son esprit, c'est s'occuper du corps dans l'interdépendance de toute chose.
La pleine conscience nous invite à vivre le moment présent, d'une façon particulière et **délibérée**, en portant notre attention sur ce qui se passe ici et maintenant. L'attention consciente nous amène à rester dans le moment présent.

Observons combien nous sommes peu présents à notre corps, à notre vie au moment où elle se déroule. Dans le mouvement incessant qui nous invite à aller toujours plus vite, à faire encore plus ! Repérons à quel point nous n'avons probablement pas cultivé nos ressources intérieures susceptibles de nous procurer un profond bienfait.

La méditation est une manière d'être, une façon de voir dans la profondeur de soi et de ressentir son corps, de comprendre « la nature de l'esprit » dans sa vie.

La méditation de pleine conscience implique d'accepter ce qui vient **sans jugement**, c'est-à-dire avec un esprit bienveillant. Accueillir ce qui est !
Pratiquer la méditation est un entraînement de l'esprit qui demande une régularité et un engagement.

L'engagement est une décision que nous prenons pour nous-mêmes. Quand nous nous engageons, nous maintenons la barre comme le capitaine d'un bateau, la barre de notre existence. Alors soyez indulgent et bienveillant avec vous-même : pratiquer la méditation est un processus à long terme.

Tenez bon le cap ! Vous en êtes capable. Alors, êtes-vous prêt à vous engager ?

Méditation pour se regarder et ressentir

Arrêtons-nous pour regarder ce qui se passe en nous, pour regarder nos pensées, nos émotions, pour nous observer dans notre fonctionnement. Regarder dans le cœur des choses, c'est une façon de nous relier à la vie, à la vie en soi, à l'essence de notre être profond. C'est accueillir ce qui vient, sans rien rejeter. C'est une expérience intime impliquant des sensations et des perceptions, mais aussi un voyage intérieur qui réveille la mémoire corporelle et amène à connaître sur soi des choses que l'on ignorait. Seulement voilà : en pratiquant un peu, on découvre que toute connaissance débouche sur plus de mystère. La méditation devient alors l'expérience de ce mystère, touchant à la poésie, voire au silence…

Arrêtons-nous quelques instants, observons nos pensées, nos émotions, nos sensations.
Accueillons ce qui vient et respirons.

« Méditer, c'est regarder profondément dans le cœur des choses »,
nous dit Thich Nhat Hanh,
(*Vivre en pleine conscience. Paix et joie dans les tribulations de la vie*, Terre du Ciel, 1999).

Se transformer soi-même pour transformer le monde

Alors que dans ce monde moderne, nous déployons souvent beaucoup d'efforts pour améliorer nos conditions de vie extérieures. La méditation nous invite à transformer notre perception des choses pour nous transformer nous-mêmes. Ce changement résulte de la pratique de la pleine conscience sur le long terme.

REVENONS AUX SOURCES !

La méditation de pleine conscience prend racine, il y a plus de 2 500 ans, dans l'enseignement de Bouddha Gautama qui propose des pratiques menant à **l'éveil**. L'éveil peut être défini comme un état de prise de conscience pure, claire, voire radieuse, une libération. C'est un chemin pour parvenir à la paix du « nirvana », échappant ainsi aux souffrances, désirs et illusions qui affligent le commun des mortels…
Pour arriver à cet éveil, plusieurs éléments de l'enseignement bouddhiste nous aident : cultiver l'attention, prendre en compte les quatre nobles vérités, suivre les propositions du noble chemin octuple et développer les sept facteurs ou qualités d'éveil.

Dans un enseignement donné par Bouddha Gautama, le *Satipatthana sutra* décrit la construction de l'attention. Il propose **quatre types d'attention :**

- l'attention au corps à travers notamment des exercices d'attention à la respiration ;
- l'attention aux sensations, dans l'expérience agréable, désagréable ou neutre ;
- l'attention de l'esprit à travers les pensées et les émotions ;

- l'attention aux formations mentales : notre expérience, nos obstacles, les facteurs d'éveil, et les *quatre nobles vérités*.

Ces **quatre nobles vérités** permettent une prise de conscience de notre condition humaine :

- 1re noble vérité : nous vivons tous des souffrances : souffrance physique, mentale, souffrance provoquée par le changement ;
- 2e noble vérité : les souffrances existent parce qu'il y a des causes qui entraînent leur apparition ;
- 3e noble vérité : en nous interrogeant sur les origines de cette souffrance, il est possible de s'en libérer ;
- 4e noble vérité : il s'agit du chemin qui mène à la cessation de la souffrance : il s'agit du *noble chemin octuple*.

Le noble chemin ou sentier octuple

Le noble chemin ou sentier octuple est la voie qui favorise la cessation de la souffrance par les huit étapes constituant un chemin de transformation.

Le chemin octuple propose de se concentrer sur : la vision correcte, la pensée correcte, la parole correcte, l'action correcte, la profession correcte, l'effort correct, l'attention correcte et la contemplation correcte.

En pratiquant l'ensemble de ces composantes, on atteint la libération, le *nirvana*.
Des obstacles ou empêchements constituent des défis dans notre pratique de méditation : l'agitation, la torpeur, l'aversion, le doute et le désir.

Pour parvenir à l'éveil, Bouddha décrit aussi dans *U pandita* sept qualités, qui, lorsqu'elles sont complètement développées et équilibrées, nous permettent de l'atteindre : l'attention (*sati*), l'investigation (*dhamma vicaya*), l'énergie et l'effort (*virya*), la joie (*piti*), le calme, la tranquillité (*passaddhi*), la concentration (*samadhi*), l'équanimité (*upekkha*).

En plus de toutes ces qualités, nous devons développer **les quatre incommensurables,** appelées *brahmavihara*, qui sont quatre sentiments ou « qualités morales ». Ils sont incommensurables ou illimités par la portée de leur objet et leur efficacité. Il s'agit de :

- la bienveillance (*metta* en pali, *maitri* en sanscrit) : souhaitons que tous les êtres trouvent le bonheur et les causes du bonheur ;
- la compassion (*karuna*) : souhaitons que tous les êtres soient libérés de la souffrance et des causes de la souffrance ;

- la joie sympathisante ou altruiste (*mudita*) : souhaitons que tous les êtres trouvent la joie exempte de souffrance ;
- l'équanimité ou détachement (*upekkha* en pali, *upks* en sanscrit) : souhaitons que les êtres demeurent égaux et en paix quels que soient les événements de la vie, bons ou mauvais, libres de partialité, d'attachement et d'aversion.

Mais rassurez-vous, pas besoin d'être bouddhiste pour pratiquer une pleine conscience laïque ! Il s'agit pour nous d'avoir quelques repères sur l'origine de la méditation de pleine conscience, la philosophie qui la sous-tend, et nous laisser imprégner par toute la bienveillance sous-jacente. Donnons maintenant la parole aux découvertes scientifiques récentes.

L'APPORT DES NEUROSCIENCES

Grâce à l'orientation proposée par le Dr Kabat-Zinn et toutes les expérimentations scientifiques validées, la pleine conscience est sortie des monastères bouddhistes pour aller vers tous les laïcs.

Le Dr Jon Kabat-Zinn, médecin chercheur à l'UMASS, a créé un programme de réduction du stress basé sur la pleine conscience (MBSR), totalement laïc, proposé aux malades souffrant de troubles chroniques. Il a gardé du bouddhisme le processus attentionnel qu'il a déployé dans ce programme pédagogique permettant l'apprentissage de la méditation. Ce programme MBSR a été validé par les chercheurs en neurosciences.

Les recherches scientifiques sur les neurosciences commencées au début des années 2000 ont porté un regard nouveau sur les effets de la méditation. Plus de 500 recherches et études cliniques se font chaque année sur la méditation de pleine conscience qui commence à intéresser tous les domaines de la santé.
Vous apprendrez à connaître les principaux précurseurs de ce grand mouvement (Jon Kabat-Zinn ; Richard J. Davidson ; Daniel Goleman), qui, à travers le monde développent des programmes reconnus de méditation de pleine conscience visant la gestion du stress, et de la souffrance, l'accompagnement des équipes et des patients dans les hôpitaux, ou encore le bien-être de nos enfants. Concrètement, il est démontré qu'en méditation, le cerveau préfrontal gauche s'active, entraînant une multitude

d'effets : calmer le cerveau limbique, responsable des émotions, en particulier l'amygdale cérébrale, provoquant une inhibition des circuits hormonaux du stress et une action sur l'humeur et sur la douleur chronique.
Lorsque nous éprouvons des émotions négatives (anxiété, peur, tristesse, colère), nous excitons une zone du cerveau préfrontal droit et l'amygdale déclenche alors une hypervigilance et les hormones de stress (adrénaline et cortisol).

Chez ces grands méditants, il est reconnu que les zones de l'hémisphère gauche impliquées dans la bonne humeur fonctionnent même en dehors des pratiques spirituelles : elles « s'allument » en permanence. Il semblerait que leur optimisme et leur pacifisme soient le fruit de cet entraînement mental. Avec le programme MBSR, et la méditation de pleine conscience, on peut donc apprendre à devenir plus joyeux et tolérant.

Bien d'autres découvertes nourrissent la pratique de la pleine conscience comme le concept d'intelligence émotionnelle (D. Goleman) ou les thérapies cognitives et comportementales contre la dépression (Z. Segal, J. Teasdale, M. Williams).

Enfin, le *Mind and Life Institute* (Institut « Esprit et Vie »), créé à l'initiative du dalaï-lama dès 1990 pour étudier les pratiques bouddhistes d'un point de vue expérimental et leurs effets au niveau scientifique, favorise les rencontres et un apport mutuel entre le bouddhisme et la science.

ALORS MÉDITER, ÇA SERT À QUOI ?

Pour les bouddhistes, la méditation de pleine conscience n'a pas d'objectif. On ne cherche pas de résultat, on est juste dans le temps présent à vivre ici et maintenant. Cependant, toutes les expérimentations scientifiques concordent pour dire que la méditation de pleine conscience a des effets dans de nombreux domaines. Que peut apporter la méditation de pleine conscience ?

Pour la santé physique

- Réduire le stress, par diminution de la production d'adrénaline et de cortisol.
- Favoriser une plus grande immunité.
- Réduire et prévenir les maladies cardio-vasculaires.
- Permettre une diminution de la douleur et une meilleure relation à la maladie.

- Modifier le cerveau : méditer change de façon tangible la structure même du cerveau.
- Ralentir le vieillissement des chromosomes (notamment l'action sur la télomérase).

Pour la santé mentale

- Réguler l'humeur et les émotions vers plus d'équilibre.
- Développer une meilleure capacité d'observation des pensées, des comportements et des processus mentaux.
- Réguler l'attention, développer la concentration et l'efficacité.
- Atténuer la rumination mentale.
- Clarifier ses buts de vie.
- Modifier la perception de soi et des autres.
- Mieux gérer son rapport à soi, ses pensées, ses émotions.
- Pacifier son esprit, connaître la sérénité et la paix intérieure.

Dans la relation aux autres

- Développer l'empathie, l'altruisme, la compassion.
- Développer l'intelligence émotionnelle.
- Favoriser sa flexibilité mentale et relationnelle.

Ainsi, commençons à pratiquer… Les effets s'inscriront dans notre vie en profondeur et sur la durée !

MÉDITATION ET STRESS

Faisons le point quelques instants

Comment nous sentons-nous, là, maintenant ?
Comment est notre respiration ? (tranquille ? profonde ? courte ? saccadée ? autre ?)
Que ressentons-nous dans notre corps ?
Quelles sensations ? À quel endroit ?
Quelles sont nos pensées à la lecture du début de ce petit livre ?
Évoquons maintenant un moment de stress important dans notre vie : laissons-nous revoir les images de ce souvenir, écouter les sonorités et les bruits, ressentir les effets dans le corps de ce moment stressant. Ressentir peut-être le coup de fouet que donne l'adrénaline…
Quelles étaient nos émotions ? Quelles étaient nos pensées ? Aggravaient-elles le stress ?
Remarquons que cette évocation provoque encore du stress maintenant, alors que tout est déjà terminé…

Revenons ensuite au présent, à la lecture de ce livre et à l'effet qui peut nous apaiser de nous savoir ici et maintenant, en sécurité et plus tranquille. Revenons à notre corps et lâchons prise sur ce stress du passé. Respirons quelques instants dans la conscience de notre corps.

Qu'est-ce que le stress ?

Le stress est un **système archaïque de survie** qu'utilisaient déjà nos ancêtres de la préhistoire, pour faire face aux dangers. Nous utilisons les mêmes mécanismes pour faire face à nos dangers actuels (réels ou hypothétiques).

Richard Lazarus, professeur de psychologie à l'université de Berkeley, propose cette définition : « *Le stress est une transaction entre une personne et son environnement qui est évaluée comme éprouvante ou dépassant ses ressources.* »

Le Dr Hans Selye, l'un des pionniers en la matière, dit que le stress est aussi : « *…une réponse de l'organisme consécutive à toute* ***demande ou sollicitation exercée sur cet organisme*** ».

Actuellement, **on relie aussi le stress au changement :** soit le changement est accueilli, soit on y résiste, ce qui provoque un stress important. Être capable de gérer ses craintes et ses incertitudes est un vrai défi dans notre mode de vie actuel, qui exige des adaptations permanentes ! Bouddha affirmait déjà : « *Il n'existe rien de constant si ce n'est le changement.* » **Il y a stress quand nos capacités d'adaptation sont dépassées.**

Contemplons le changement

Prenons un moment pour nous souhaiter la bienvenue. Ce moment est un moment pour être, pour explorer le corps et l'esprit en étant conscient. Et, quand nous nous sentons prêts, nous pouvons focaliser notre attention sur le souffle et sentir notre ventre se dilater à l'inspiration et se rétracter à l'expiration, commençant ainsi à pratiquer la respiration consciente. Inspirons en étant conscients que nous inspirons, expirons en étant conscients que nous expirons, vivant la respiration au fil du souffle, une inspiration et une expiration à la fois, notant tout ce qui est présent dans le corps et dans l'esprit, tout change ! Nous avons beaucoup à apprendre de l'impermanence et du changement et nous savons que tout change : le jour et la nuit, la vie et la mort, tout change.

En méditant sur le changement et l'impermanence, nous comprenons combien cette vie est précieuse et fragile. Méditons sur la fragilité, la valeur et la brièveté de chaque instant. Restons quelques instants à contempler cela.
Remercions-nous de ce moment de méditation.

Chacun a déjà ressenti la montée d'adrénaline dans son corps au moment de faire face à l'urgence, comme en freinant brutalement sur l'autoroute pour éviter une voiture. Une seconde hormone est moins facile à ressentir, c'est le cortisol, qui est secrétée pour faire face sur le long terme. Avec le rythme de vie accéléré, le stress est une composante de notre existence. Cette accélération nous soumet à une activation continue du système nerveux sympathique (SNS), de l'amygdale cérébrale et de l'axe hypotalamo-hypophyso-surrénalien du système endocrinien (AHHS). Cette activation provoque un excès de sécrétion d'adrénaline et de cortisol au niveau des glandes surrénales. Or, même si cette « marmite » ne déborde pas, le fait de la laisser mijoter constamment provoque est **effets pathogènes** sur notre corps.

Les répercussions mentales du stress

- *Anxiété :* l'amygdale est plus réactive et va créer de l'anxiété situationnelle mais aussi des souvenirs implicites qui vont entraîner une anxiété continuelle, indépendante de la situation.
- *Dépression :* les fondements de l'humeur stable (et joyeuse) sont sapés par un taux de noradrénaline en baisse, par un abaissement du taux de dopamine dû aux glucocorticoïdes.
- *Mauvaise humeur :* le stress réduit la sérotonine, le neurotransmetteur le plus important du maintien de la bonne humeur. La baisse de la sérotonine entraîne un état cafardeux et diminue l'éveil.

Les répercussions physiologiques du stress

Notre corps, soumis au stress, souffrira plus régulièrement de bien des pathologies :

- *Effets gastro-intestinaux :* ulcères, colites, syndrome de l'intestin irritable, diarrhées, constipation.
- *Effets immunitaires :* rhumes et grippes plus fréquents, cicatrisation plus longue des blessures, vulnérabilité accrue aux infections graves et attaques virales.
- *Effets cardio-vasculaires :* durcissement des artères, crises cardiaques.

- *Effets endocriniens :* diabète de type II, syndrome prémenstruel, troubles de l'érection et du désir.
- *Effets sur le vieillissement :* les télomères, composantes des chromosomes qui règlent la longévité des cellules et conditionnent ainsi notre espérance de vie, sont influencés par le stress et les pensées négatives.

Lorsque le stress sévit pendant trop longtemps, avec un excès de sécrétion d'adrénaline et de cortisol, nous aboutissons au **burn-out**, nos capsules surrénales sont « brûlées de l'intérieur » et la machine corporelle se grippe : il faut alors s'arrêter ! Cette forme d'épuisement souvent professionnel dû au stress chronique peut conduire à la dépression.

Les effets de la méditation contre le stress

La méditation de pleine conscience va permettre de contrecarrer les effets pernicieux du stress : elle a un effet pacificateur du cerveau limbique et permet à l'amygdale de s'apaiser pour éviter cette production d'adrénaline et de cortisol. Elle favorise la mise en route du système orthosympathique qui a un effet tranquillisant et favorise la restauration du corps. Le fonctionnement des glandes endocrines peut alors redevenir normal. La pratique entraîne l'activation de plusieurs aires liées à la

bienveillance et l'empathie, provoquant des émotions positives ; tandis que d'autres zones, liées à la peur et à l'agressivité, sont désactivées.
La méditation a une action sur :

- la baisse des ruminations anxieuses ;
- l'amélioration du bien-être subjectif ;
- l'amélioration de l'attention ;
- la diminution des cycles dépressifs ;
- l'élévation des défenses immunitaires ;
- l'amélioration des fonctions cardiaques et la régulation de la tension artérielle.

Un travail publié par la revue *The Lancet*, en avril 2015, prouve que la méditation de pleine conscience est aussi efficace contre la déprime que les traitements avec antidépresseurs.

Comment ça fonctionne ?

Dans la méditation, plusieurs mécanismes physiologiques s'associent :

- Il se produit un effet mécanique de relâchement sur les groupes musculaires simplement sous l'effet de l'expiration et de la conscience que nous portons à notre souffle.

- Notre système autonome parasympathique se met en route : c'est la pédale du frein sur une voiture (alors que le système sympathique est l'accélérateur). Ce qui va provoquer en cascade le ralentissement de notre rythme cardiaque et une diminution de la tension artérielle.
- En conséquence, on constate une baisse de la production d'adrénaline et de cortisol, ces hormones de stress.

La méditation de pleine conscience a aussi des effets sur la douleur. De nombreuses études ont été faites sur les effets de la méditation sur la douleur. En 2009, A. Grant, P. Rainville et P. Pain, chercheurs de l'université de Montréal ont montré que les adeptes de la méditation sont moins sensibles à la douleur, même en dehors des états méditatifs. Le fait de ralentir la respiration semble entraîner une diminution de la douleur et influe sur le contrôle de la douleur par la relaxation qu'elle provoque dans le corps. Les chercheurs se sont aperçus par IRM que les régions frontales du cerveau qui régulent l'émotion et la douleur sont plus épaisses chez les adeptes de la méditation, sans qu'il soit nécessaire d'être un méditant aguerri pour bénéficier de ses effets.

La méditation de pleine conscience nous permet de sortir des autoroutes de pensées négatives et de créer de nouvelles autoroutes dans notre cerveau grâce à sa plasticité : face à une pensée destructrice, une pensée stressante, une émotion perturbatrice, les neurones se mobilisent tous dans une même action et construisent une autoroute ou un circuit qui se renforcent un peu plus à chaque fois, c'est l'autoroute du stress ! La bonne nouvelle, c'est que la méditation est un moyen d'agir sur les circuits neuronaux et de diminuer l'emprise de ces conditionnements. Malgré tout, nous continuerons à avoir les deux types d'émotions (perturbatrices et non perturbantes) parce que nous avons en nous les deux logiciels. Mais tracer de nouveaux chemins dans le cerveau pour quitter nos vieilles autoroutes comportementales est possible grâce à l'entraînement à la méditation. C'est pourquoi la pratique de la méditation requiert discipline et régularité.

MÉDITATION, PENSÉES ET ÉMOTIONS

Le stress engendre beaucoup d'émotions, ou bien, les émotions déclenchent beaucoup de stress dans nos vies d'Occidentaux ! Et nos pensées font perdurer à la fois nos émotions et le stress !

En Occident, nous avons créé une barrière factice entre le corps et l'esprit. La méditation nous propose de faire un avec notre corps, nos sensations, nos pensées, et nos émotions, comme la rose qui n'est jamais séparée de sa tige, ni de ses racines. Apaiser notre esprit est une nécessité.

Les pensées

En psychologie bouddhiste, on utilise le terme « état mental » pour parler des pensées et des émotions.

Un état mental malsain a pour racine l'attachement, l'aversion et l'illusion. Ces trois racines favorisent l'inquiétude, la rigidité, l'agitation, la jalousie, l'avidité, la haine, l'égocentrisme, l'avarice, la confusion, les perceptions erronées.

Un état mental sain provient de la sagesse, de l'amour et de la générosité et favorise la confiance, la compassion, l'altruisme, la joie, la bienveillance, l'équanimité, la bonté, l'adaptabilité, la clarté.

La méditation, par la posture assise, stable et posée, nous offre un espace où le corps apaisé peut aider l'esprit à retrouver du calme.

Pratique pour mieux connaître nos états mentaux sains

Une journée où nous nous sentons de bonne humeur, choisissons de faire trois pauses d'observation et de noter ce que nous ressentons, par exemple : la joie, la confiance, la compassion, la bienveillance, l'équilibre, la clarté, la sagesse, la flexibilité… Repérons dans notre corps où cela s'exprime et s'imprime, repérons nos sensations à ce moment-là. Remarquons ce qui prédomine, l'intensité, la durée. Regardons si nous nous y accrochons. Puis revenons à notre respiration. À la fin de la journée : qu'avons-nous appris sur nos états mentaux sains ?

Pratique pour mieux connaître nos états mentaux malsains

Un autre jour plus difficile, nous pouvons décider de faire trois pauses d'observation dans la journée et noter ce que nous ressentons comme : l'agitation, l'anxiété, la confusion, la colère, la nervosité, l'envie, l'inquiétude, le manque d'enthousiasme. Repérons dans notre corps les manifestations de cette souffrance.

Remarquons ce qui prédomine, l'intensité, la durée. Regardons si nous nous y accrochons. Puis revenons à notre respiration et laissons aller.
À la fin de la journée : qu'avons-nous appris sur nos états mentaux malsains ?

Notre mental est comme un singe qui saute de branche en branche pour nous distraire et nous empêcher de vivre dans le ressenti du moment présent. Plus on s'accroche à ce que notre mental nous dit, plus c'est difficile de vivre dans l'ici et maintenant. Parfois notre petite voix interne est incessante, parfois elle est même irrespectueuse et blessante.

Observons notre mental

Prenons quelques minutes pour écouter notre mental. Quelle est sa tonalité aujourd'hui ? Est-il doux, compatissant, silencieux ou au contraire dans un jugement implacable ? Ou autre chose encore ? Notons ce que nous observons.

Mettons maintenant notre conversation interne en arrière-plan. Goûtons les sensations qui sont les nôtres dans notre corps. Respirons : l'air frais qui entre dans notre nez, l'air plus chaud qui en ressort. Ouvrons nos yeux pour contempler ce qui nous entoure : une feuille qui vole au vent, un parfum qui émane d'une plante, le chant d'un oiseau. Notons comme tout cela est changeant, abandonnons-nous à l'apaisement que nous propose la nature et respirons.

Observer ses pensées est un vrai travail de méditation, et souvent nos émotions sont là, accrochées aux méandres des situations de notre vie. Elles marquent notre corps de leur agitation : ne dit-on pas « j'ai la rage au corps ». **Pensées, émotions et corps sont unis.** Quand une pensée arrive, une émotion s'exprime et c'est dans le corps qu'elle s'imprime.

La méditation apporte une vision plus claire de ces interactions et propose une pacification de l'esprit.

Les émotions dans la psychologie occidentale

Les émotions, du verbe émouvoir, en latin *movere*, mettre en mouvement, sont considérées en psychologie occidentale comme une réaction mécanique immédiate de l'organisme, précédant la réponse rationnelle pour s'adapter à l'environnement.

On peut dénombrer **six émotions de base** qui sont la peur, la colère, la tristesse, la joie, la surprise et le dégoût desquelles dérivent bien d'autres. Elles ne sont ni bonnes ni mauvaises en soi, mais peuvent le devenir lorsqu'elles nous envahissent au point de déformer la réalité et de prendre le dessus sur l'intelligence, dont le rôle est d'apporter la réponse la plus juste à la situation vécue.

Le rôle des émotions a une influence capitale sur notre façon de vivre en bonne santé mentale.

La pleine conscience offre la possibilité, en méditation, d'observer ses pensées et les émotions qui y sont liées. Comme Daniel Goleman nous le dit, nous n'avons pas appris l'intelligence émotionnelle, cette compétence à acquérir pour savoir mieux gérer ce qui se passe en soi et mieux gérer la relation aux autres.

Les 84 000 émotions de la psychologie bouddhiste

Les bouddhistes abordent les émotions différemment. Les textes bouddhistes, dans leur analyse subtile, dénombrent 84 000 émotions négatives. Ils parlent de **six facteurs perturbateurs de base** qui sont :

l'attachement, l'aversion, l'ignorance, l'orgueil, le doute et les vues erronées. Ce sont des attitudes mentales et non pas des phénomènes provenant de l'extérieur. Le bouddhisme souligne que pour surmonter ces émotions perturbatrices, la racine de toute souffrance, vous devez comprendre leur nature.

Mais la psychologie bouddhiste, comme la psychologie occidentale, dit qu'il n'est pas possible de transformer les émotions d'une manière rationnelle par l'intellect.

La méditation est une voie royale pour entrer en contact avec ses émotions avec authenticité, c'est-à-dire en se donnant le droit de les ressentir sans honte ni culpabilité, puis apprendre à écouter le message qu'elles transmettent.

La psychologie bouddhiste distingue trois catégories d'émotions :

- Les **émotions positives** comme l'amour, la compassion, l'amitié, la loyauté. Elles renforcent l'esprit, accroissent la confiance et augmentent la capacité de secourir ceux qui ont besoin d'aide.
- Les **émotions négatives ou perturbatrices,** comme le désir et l'attachement, la colère et l'aversion, l'ignorance, la jalousie, l'orgueil et l'envie, ont tendance à vous affaiblir, à saper votre confiance en vous-même et à faire croître nos peurs. Les

émotions perturbatrices sont la source de toute souffrance.

- Les **émotions neutres** sont des réactions mitigées qui ne sont pas plus qualifiables que celles que l'on peut ressentir devant une table ou une chaise.

Les émotions sont comme les vagues de la mer. Elles montent et elles redescendent. Nous sommes pris par une émotion ? Laissons la vague redescendre sans rien y faire, juste en l'accueillant telle qu'elle est, en respirant dedans. Toute vague redescend, inévitablement. Les surfeurs le savent bien ! Pour nous, il nous arrive trop souvent d'arrêter la vague ! C'est notre mental qui le fait alors en commentant ce qui se passe.

Surfons sur nos vagues émotionnelles

Une émotion arrive, agréable, désagréable, peu importe, commençons par l'accueillir, sentir ce qui se passe dans notre corps quand l'émotion monte : les mains, le cœur, le visage, les tensions, la détente… Continuons à accueillir ce qui vient, sans jugement, avec bienveillance, si une pensée apparaît, nous pouvons nous dire : « C'est juste une pensée » et continuons à respirer dedans. Inévitablement, la vague va redescendre, car c'est ce qu'elle fait habituellement, quand le mental ne s'en mêle pas.

Laissons-la redescendre en continuant de respirer.
Qu'avons-nous appris de cette expérience ?
Comment pourrions-nous l'utiliser dans notre vie de tous les jours ?
Comment cet exercice pourrait-il nous aider en cas de stress ou d'anxiété ?

Nous pouvons aussi utiliser un processus proposé par la psychologie bouddhiste :

La voie de l'Éveil et de la transformation

Face à toute émotion perturbatrice, la psychologie bouddhiste propose de méditer de la façon suivante :

– Poser un regard direct sur cette émotion.
– Essayer d'en voir l'essence et la nature même.
– Observer qu'elle n'a aucune caractéristique : ni forme, ni couleur, ni spécificité.
– Observer qu'elle est vide.

Quand on a conscience de cette vacuité, l'émotion peut se pacifier. Les émotions ne sont alors plus des ennemies. Il ne s'agit pas de les rejeter, mais de les voir comme des alliées contenant leur propre sagesse.

En méditation, nous pouvons observer qu'une émotion n'est qu'une émotion. Et nous-mêmes, nous sommes beaucoup plus qu'une émotion ! Les émotions sont impermanentes, elles vont et viennent. Regardons-les et elles s'en iront. La respiration, par le mouvement de va-et-vient de l'abdomen semblable à une vague, aide à rester dans le moment présent. Le bouddhisme professe que toutes les réponses sont là pour peu que nous sachions les chercher à l'intérieur.
Yongey Mingyour Rimpoché nous dit que « *Chaque affliction mentale est le point de départ de la sagesse.* »

Pause intérieure

Prenons une pause pour replonger à l'intérieur de nous-mêmes quelques instants :
Où en sommes-nous ? Quel est notre ressenti en cet instant ? Y a-t-il une émotion qui se présente maintenant ? Laissons-nous respirer dedans, maintenant.

La méthode RAIN

Poursuivons donc notre exploration et notre expérimentation. La pleine conscience et la psychologie bouddhiste nous proposent d'utiliser une méditation en quatre étapes pour une transformation basée sur

l'attention, la méthode RAIN (**R**econnaissance de la présence de l'émotion ; **A**cceptation ; **I**nvestigation ; **N**on-identification).
Ce processus libère des difficultés par l'utilisation des ressources intérieures de l'attention et de la conscience en éveil.

Méditation de libération émotionnelle en 4 étapes

1re étape : la reconnaissance de la présence d'une émotion

Prenons conscience de l'émotion qui nous traverse : quelles sont les sensations corporelles ?
Où se situent-elles dans notre corps ? Dans le ventre ? Dans les épaules ? Dans la gorge ? Dans la poitrine ? Ou ailleurs ?
Laissons-nous respirer en reconnaissant ce qui est.
Pouvons-nous nommer notre émotion maintenant ?

2e étape : l'acceptation de l'émotion

La méditation nous permet d'appréhender la réalité différemment, derrière le voile des apparences, de découvrir ce qui est caché à l'expérience ordinaire.

Elle nous aide à voir les choses telles qu'elles sont et non telles qu'on se les imagine. Il s'agit de porter un regard intérieur sur les choses, au-delà des apparences. Ce regard intérieur n'est pas spontané, cette exploration nous y conduit.
Poursuivons la méditation en acceptant d'avoir cette émotion. Ne cherchons pas à nier ou à lutter contre elle. Laissons-la nous envahir, soyons avec elle et nommons-la. Acceptons ce qui est sans jugement,
avec bonté et bienveillance à notre égard.

3e étape : l'investigation de l'émotion

L'objectif est de rentrer plus profondément dans l'émotion et d'accorder toute son attention consciente à l'expérience physique et mentale qu'elle propose, sans effort d'analyse, par le seul ressenti et l'expérience.
Continuons à respirer avec notre émotion.
Quelles sont les pensées qui surgissent avec elle ?
Quels autres sentiments ? Les reconnaissons-nous ?
Sont-ils habituels ou récurrents ?
Peut-être une nouvelle vision va apparaître, une autre façon d'aborder la situation, une autre manière de voir les choses. Peut-être n'avions-nous vu la situation que de notre

point de vue ? Si nous prenions une montgolfière, qu'est-ce qui nous apparaîtrait ?
Observons ce qui se passe dans notre corps.
Quelles sont nos sensations ? Sont-elles en train d'évoluer, de se transformer ? De s'intensifier ? De se dissoudre ?
Y a-t-il d'autres sensations qui apparaissent ?
Et les émotions ? Quelle est la tonalité émotionnelle maintenant ?
Continuons à respirer et observons la nature changeante de notre expérience moment après moment.

4e étape : la non-identification

Au cours des étapes précédentes, nous avons pris conscience de nos fonctionnements habituels face à une émotion : pensées récurrentes, ruminations.
En élargissant le cercle de nos sensations à notre corps tout entier, puis à l'environnement, nous découvrons alors d'autres moyens d'exprimer notre émotion, notre désaccord, notre déception et nous sortons alors de la tourmente émotionnelle.
Nous ne sommes pas nos pensées. Nous ne sommes pas nos émotions. Alors, face à cette difficulté, posons-nous la question : « Suis-je vraiment cela ? ».
Et continuons à respirer. Sortons de l'identification et englobons notre corps tout entier, puis élargissons

notre attention à tout ce qui nous environne :
les sons, le paysage, les odeurs.
Comment nous apparaît la difficulté maintenant que nous avons pris de la distance et du recul ?
Observons cette transformation.

L'UNITÉ CORPS-ESPRIT

Nos pensées, nos émotions, notre corps, tout est relié. On parle aussi de corps, cœur, âme. Il s'agit en tout cas d'une vision globale, intégrative de l'être humain. Cela devient une nécessité et une évidence aujourd'hui.

Des siècles de séparation, en Occident, entre le corps et l'esprit ont induit une vision fausse de la réalité : on oublie la véritable unité entre le corps et l'esprit que prônent l'approche bouddhiste et les pratiques orientales. Les révolutions de la médecine des dernières décennies, grâce à l'imagerie médicale notamment, et toutes ces expérimentations, viennent nous rappeler ce lien indissociable. Nous avons évoqué la plasticité cérébrale qui démontre que notre cerveau n'est pas figé mais change avec l'expérience tout au long de la vie, les neurones renouvelant en permanence leurs réseaux de connexions. Les nouvelles connaissances en épigénétique, qui prouvent l'influence de l'environnement, du mode de vie, et même des croyances et des émotions sur l'expression de certains de nos gènes. L'idée d'un système corps-esprit unifié et intégré se trouve ainsi démontré jusque dans la biologie même de nos gènes.

La physiologie est non seulement sensible à l'esprit, mais elle le reflète, le symbolise, l'exprime, en quatre mots : le corps est l'esprit !

Richard Davidson, par toutes ses découvertes auprès des méditants expérimentés, nous rappelle que la méditation modifie durablement le fonctionnement du cerveau et que la culture, par la méditation, d'états d'esprit tels que la compassion favorise l'apparition d'autres émotions positives, sources de santé et de bien-être. La conclusion de ces découvertes est que l'humain, qui a survécu grâce à sa capacité à se mettre en état de stress aigu pour éviter le danger, ne s'épanouit qu'en équilibrant ce système de survie avec le développement d'émotions qui sont liées aux plus hautes valeurs humaines, généralement valorisées par toutes les cultures sur notre planète.

2e partie

VIVRE L'INSTANT PRÉSENT

« Une demi-heure de méditation est essentielle sauf quand on est très occupé. Alors une heure est nécessaire ».
Saint François de Sales

NOTRE MODE DE VIE CONTEMPORAIN

La frénésie quotidienne

La tendance actuelle dans notre monde agité est le zapping. Nous passons d'une activité à l'autre avant même d'avoir terminé ou nous faisons plusieurs choses à la fois : répondre au téléphone en lisant nos mails et en grignotant. Certains sont des experts en multitâche.

« Le quotidien se présente comme une liste de tâches à effectuer, que l'on biffe l'une après l'autre, avant de finir par s'écrouler le soir pour mieux céder au même affairement le lendemain », explique Jon Kabat-Zinn[1].

1 Conférence de Jon Kabat-Zinn aux Folies Bergères, avril 2015.

Regardons le début de journée de cette femme : petit déjeuner express, toilette rapide, lever des enfants, les habiller, les préparer, leur demander de se dépêcher, courir dans la rue, les déposer à l'école, courir au travail… et le soir ça recommence. Et elle raye de sa liste les choses faites avant de s'écrouler de fatigue en s'endormant. Pas étonnant que le stress la gagne, et que le burn-out la guette !

Et au travail, qu'est-ce qui est valorisé ? Le « faire » bien sûr en lien avec la poursuite des résultats !

Le mode « faire »

Le mode « faire » est caractérisé par :

- des objectifs à atteindre ;
- par des actes automatiques ;
- ne pas être dans le présent.

En mode « faire », nous fonctionnons souvent en « pilotage automatique ». Nos gestes se font automatiquement, dirigés par notre inconscient. Bien sûr, le pilotage automatique nous permet de gagner beaucoup d'énergie. Si nous devions être attentifs et penser chacun de nos gestes dans des activités comme conduire une voiture, faire les courses, mettre en route la machine à laver, nous serions épuisés à la fin de la journée. Mais le pilotage automatique nous empêche aussi de goûter pleinement à l'expérience de la vie. Quand nous sommes en « mode faire », nous sommes peu présents, peu en contact avec nos sens, peu reliés aux belles choses de la vie, ce qui peut provoquer une insatisfaction, une vie sans saveur ! Dans le domaine des pensées et des émotions, nos pensées négatives engendrent des émotions perturbatrices qui vont nous conduire à être déprimés, fatigués, ou contrariés.

Pourtant, la conscience des pensées nous ouvre à de nouveaux choix. Le risque, si le mode « faire » prend toute la place, c'est de ne plus avoir le temps d'être, de nous ressourcer, d'être en contact avec nous-mêmes.

ARRÊTER LE PILOTE AUTOMATIQUE

« Avec nos téléphones portables et nos agendas téléphoniques, nous pouvons désormais être en contact à tout moment, avec tout le monde et n'importe qui. Mais en même temps, nous courons le risque de n'être jamais en contact avec nous-mêmes », nous dit Jon Kabat-Zinn[2]. Pour pouvoir le faire : il faut simplement arrêter notre pilote automatique !

---

2 *Méditer*, Les Arènes, 2010.

Passer du mode « faire » au mode « être »

Le « mode être », c'est le fait d'être présent et ouvert à ce qui se passe réellement, à l'expérience telle qu'elle se présente dans l'ici et maintenant. Le mode « être » est ce que l'on s'efforce de cultiver par la méditation de pleine conscience.

Il se caractérise par :

- être relié au moment présent ;
- reconnaître les choses et les accepter telles qu'elles sont ;
- être ouvert et accueillir les émotions agréables, désagréables ou neutres qui se présentent.

À quel moment de notre vie est-il possible de connaître le « mode « être » ? À quel moment quittons-nous notre « pilote automatique » ?

Le burn-out, dont nous avons déjà parlé, est un déficit du « mode être ». Mais, pour notre équilibre mental et physique, prendre des pauses pour se ressourcer, se relâcher, se faire plaisir, ressentir, c'est indispensable.

Être au présent, concrètement

Chaque fois que nous ne sommes pas en pleine conscience, nous vivons dans le pilote automatique. Parfois quand nous sommes en voiture sur une autoroute, nous conduisons de façon automatique et nous ne savons plus où nous sommes.

Lâcher le pilote automatique, c'est être présent à ce qui est, avec ses cinq sens. Nous pouvons utiliser le souffle tout au long de la journée et apporter de la présence dans ce que nous vivons. Nous sommes alors plus centrés, davantage dans notre corps et moins dans les pensées.

Pour lâcher le mode « faire » du pilote automatique, il existe trois ingrédients indispensables :

- Mettons de la **conscience** dans ce que nous faisons : notre respiration, notre geste.
- Portons notre **attention** sur notre corps et sur ce qui se passe dans le moment présent, sur nos mouvements.
- Accueillons avec **bienveillance** tout ce qui se passe en nous : tensions, détentes, irritations dans notre corps et dans nos muscles en mouvement, pensées ou émotions qui arrivent. Laissons-les passer.

Lâchons le pilote automatique

Choisissons une activité que nous pratiquons habituellement en « pilote automatique » et, pendant une semaine, grâce aux conseils et aux techniques de cet ouvrage, choisissons de l'effectuer en pleine conscience.

À la fin de la semaine :

- *Que s'est-il passé tout au long de la semaine dans cette pratique ?*
- *Quelles émotions, pensées nous sont venues ?*
- *Quel est notre ressenti maintenant ?*

Nous souffrons tous d'une carence de lenteur et de silence. Nous oublions de goûter l'instant présent, comme un précieux cadeau à redécouvrir. La méditation de pleine conscience nous propose de renouer avec cet art de vivre : le moment présent. « *Si vous n'êtes pas là pour la vie, la vie ne sera pas là pour vous. Si vous êtes distrait, si vous vous perdez dans le passé ou l'avenir, vous manquez votre rendez-vous avec la vie* », nous dit Thich Nhat Hanh[3]. **Vivre l'instant présent, c'est passer du mode « faire » au mode « être ».**

3 *Transformation et guérison*, Albin Michel, 1999.

La méditation de pleine conscience nous offre la possibilité de faire une « pause ressourcement », de passer en « mode être ». Un petit peu comme si nous tournions le bouton d'une radio, nous changeons de mode…

Vivre le moment présent !

Observons comment nous avons tendance à vivre :

- *Vivons-nous dans le passé, à nous remémorer nos souvenirs heureux, nos souffrances ? Est-ce que nous ruminons nos pensées ?*
- *Vivons-nous dans le futur, en planifiant notre agenda, en nous projetant dans l'avenir, en anticipant ?*
- *Vivons-nous dans le présent ? Sommes-nous à 100 % dans ce que nous faisons ? Sommes-nous conscients de nos sensations dans notre corps, de nos pensées, de nos émotions ? Prenons-nous le temps de déguster notre repas, de respirer à pleins poumons, d'observer ce qui nous entoure, d'écouter les sonorités qui nous environnent, sommes-nous reliés à tous nos sens ?*
- *Comment pourrions-nous être plus présents à nous-mêmes ?*
- *Que nous apporterait d'être plus présent dans notre vie ?*

• Que pourrions-nous changer ?
Adoptons un moment une posture de méditation assise, le dos droit et souple et observons notre souffle, son va-et-vient en ce moment même, comme le flux et le reflux, et accueillons ce qui vient dans ce moment présent, laissons être.

Vivre l'instant présent est à la fois très doux et très efficace pour rester centré sur ce qui se passe maintenant. Le moment présent est le chemin pour reprendre contact avec soi-même dans l'intimité de notre être. N'oublions pas que méditer, c'est d'abord être présent à soi !

Une méditation sur le moment présent

Laissons-nous guider par les mots du Vénérable Thich Nhat Hanh :

- *J'inspire, je calme mon corps. J'expire, je souris.*
- *Je m'établis dans le moment présent.*
- *Je sais que c'est un moment merveilleux.*

Dans nos journées bien remplies, posons-nous quelques instants !

Méditation de l'instant présent

Bonjour, bonjour au présent, bonjour à maintenant.
Portons notre attention sur notre respiration, sans la modifier. Observons son rythme, son amplitude.
Observons les mouvements de notre thorax, de notre abdomen.
Portons notre attention sur notre corps, ressentons ce qui s'y passe : juste ce qui prévaut au moment présent : tension, détente, picotement, démangeaison, légèreté, lourdeur, chaleur, fraîcheur…
Portons notre attention sur notre état d'esprit, nos pensées, nos émotions…
Portons attention sur le monde sonore autour de nous, à son impermanence, à la qualité du silence entre les sons…
Portons notre attention sur l'atmosphère qui nous entoure, la chaleur, la densité, la légèreté ou la lourdeur, les odeurs.
Nous pouvons tout inclure, l'intérieur, l'extérieur et respirer l'instant présent comme un cadeau…
et nous remercier du présent que nous nous faisons !

Vivre le moment présent, c'est être dans son temps, dans son propre rythme. Trop souvent la vie nous contraint à vivre au rythme des autres : les enfants, le travail. C'est une vie découpée en tranches, comme un saucisson, occupée à prévoir le futur, à s'organiser.
Comment vivons-nous nos week-ends ? Et nos vacances ? Prenons-nous alors le temps d'être à notre propre rythme, au contact de nous-mêmes ? Est-ce difficile ? Est-ce confortable ?
Sans jugement, accueillons ce qui se passe pour nous.

Écoutons les enfants

Jon Kabat-Zinn aime raconter cette histoire :
Une mère apprend l'heure à son enfant. Ils révisent ensemble : « Quand les aiguilles de l'horloge se rejoignent ainsi, toutes les deux pointées vers le haut, il est midi, l'heure du déjeuner. Quand elles forment une ligne droite ainsi, il est 18 h 00, l'heure du dîner. Quand elles sont ainsi, il est 9 h 00, l'heure d'aller à la garderie. Et, quand elles sont ainsi, il est 15 h 00, l'heure de prendre ton bain. – Dis, maman, à quelle heure on prend le temps ? », répond l'enfant.

ET NOUS, À QUEL MOMENT PRENONS-NOUS LE TEMPS ?

« Ne pas avoir le temps de méditer, c'est n'avoir pas le temps de regarder son chemin, tout occupé à sa marche »,
Antonin Sertillanges

Prendre le temps est souvent contraire à notre mode de vie. Pensons à la vie de nos grands-parents ou arrière-grands-parents qui prenaient le temps. La pleine conscience nous propose de mettre dans nos vies ces espaces de liberté, de bien-être, de respiration.

Nous pouvons nous arrêter et prendre le temps entre deux activités : faire une pause de respiration, de contemplation d'une photo, d'un arbre, du ciel. Une pause pour écouter quelques minutes de musique. Une pause pour faire quelques mouvements en pleine conscience, utiliser nos moments de marche pour être dans notre corps au lieu de planifier notre journée ou de ressasser notre passé. La pleine conscience nous offre toutes ces possibilités…

Prenons une pause contemplative

En nous installant confortablement en position assise, prenons le temps de faire quelques respirations conscientes.

Laissons venir ce qui vient à partir de cette question : quand prenons-nous le temps de nous arrêter ?

Est-ce que nous prenons du temps dans nos journées pour quelques respirations, pour contempler le ciel, le soleil, les arbres ? Pour écouter les oiseaux ou les sonorités qui nous environnent ? Pour ressentir notre corps : ses tensions, ses endroits détendus ? Pour nous sentir vivants ? Pour être à l'écoute d'une émotion et la vivre ? Pour ressentir dans notre corps les effets de cette émotion ?

Mais peut-être que notre vie est tellement remplie que nous ne trouvons pas de temps pour nous.

Que pouvons-nous faire pour créer un espace nous permettant de nous retrouver avec nous-mêmes, dans notre corps ? À quels moments de la journée ?

Laissons cette contemplation faire son chemin, et nous pouvons y revenir pour la compléter !

Pour finir de vous convaincre, voici une histoire proposée par Antony de Mello[4] qui nous ramène dans le temps présent…

Sagesse de l'instant

Un homme s'approche d'un ancien et lui dit :
« On m'a dit que tu es sage… S'il te plaît, dis-moi quelles sont les choses que peut faire un sage qui ne sont pas à la portée de tout le monde. »
L'ancien lui répond : « Quand je mange, je mange ; quand je dors, je dors ; et quand je parle avec toi, je parle avec toi. »
« Mais enfin, ça aussi je peux le faire et je ne suis pas sage pour autant », lui répond l'homme surpris.
« Je ne le crois pas, lui réplique l'ancien. Parce que quand tu dors, tu te remémores les problèmes que tu as eu au cours de la journée ou tu imagines ceux que tu pourrais avoir au réveil. Quand tu manges, tu planifies ce que tu vas faire plus tard. Et pendant que tu parles avec moi, tu penses déjà à ta prochaine question ou à ce que tu vas me répondre, et ce, avant même que j'ai fini de parler. »

4 *Quand la conscience s'éveille*, Albin Michel, 2002.

Le secret, c'est d'être conscient de ce que l'on fait dans le moment présent et ainsi profiter pleinement à chaque instant du miracle de la vie.

Nous sommes prêts maintenant à commencer à méditer !

3e partie

LE CHEMIN DE LA MÉDITATION

Vous êtes désormais convaincu que la méditation doit intégrer votre vie quotidienne. La frénésie du quotidien ne vous apporte pas d'épanouissement et la perception de votre vie vous échappe. Vous avez envie d'apprendre à méditer, à passer de temps en temps en mode « être », à lâcher votre « pilote automatique ». Prenons alors le temps de cerner davantage **notre intention**.
Bien sûr, quand on médite, nous ne devons pas avoir d'objectif... mais nous sommes des Occidentaux et notre intention peut nous soutenir dans notre pratique.

PETIT EXERCICE POUR ÉCLAIRER NOTRE INTENTION

Répondez avec sincérité à l'ensemble de ces questions.

Pourquoi est-ce que je veux méditer ?	Oui	Non
J'ai juste envie d'apprendre à méditer, ça peut m'aider au quotidien.		
J'ai envie de gérer mon stress.		
Je souffre d'anxiété, on m'a dit que la méditation de pleine conscience pouvait m'aider.		
J'ai fait une dépression, on m'a dit que la méditation de pleine conscience pouvait m'aider pour éviter une rechute.		
Je souffre de douleurs chroniques, je voudrais en être soulagé.		
J'ai envie de mieux gérer mes émotions, mes peurs, mes colères, ma tristesse.		
J'ai besoin de gérer mon anxiété.		
J'ai envie d'être apaisé face aux conflits que je rencontre dans ma vie quotidienne.		
J'ai envie d'améliorer ma relation aux autres.		

J'ai juste envie d'essayer, car c'est à la mode en ce moment.		
J'ai envie d'être plus à mon écoute : ressentir mon corps, mes sensations, observer mes pensées, mes émotions.		
J'ai envie de me sentir mieux dans ma peau.		
J'ai envie de passer du mode « faire » au mode « être ».		
J'ai envie de ralentir.		
J'ai peur du burn-out.		
J'ai besoin de mieux gérer mon stress.		
Autre ?		

Nos attentes et nos intentions aident à soutenir notre pratique de méditation. Il ne faut être ni trop rigides, ni trop ambitieux dans nos objectifs, mais les garder soigneusement quelque part afin de pouvoir y retourner de temps en temps, les relire pour mieux continuer sur le chemin de la méditation. Et vous observerez les transformations au fur et à mesure de votre pratique dans le temps. Ces objectifs vont vous aider à vous engager.

FAIRE LE POINT SUR NOS ÉMOTIONS

La méditation est comme un laboratoire où nous sommes nous-mêmes l'objet de l'expérimentation. Elle nous invite à mieux connaître les modes de fonctionnement de notre esprit.

Nos réactions spontanées

La psychologie bouddhiste distingue trois types de réactions automatiques :

- l'aversion face à une situation qui nous déplaît ;
- l'attachement : vouloir qu'une situation agréable perdure ou la rechercher volontairement ;
- l'indifférence en se coupant de nos émotions et de notre corps.

Observons d'abord quelques réactions automatiques face aux événements, qu'ils soient agréables ou désagréables !

Aversion / évitement	Attachement	Indifférence
Lutter contre la souffrance, éviter d'être au contact avec elle, résister	S'accrocher à ce qui est positif et vouloir à tout prix que ça continue	Chercher à se couper de son ressenti, se dissocier de ce que l'on vit
Beaucoup de fatigue à force de lutter	Tristesse et addiction	Rester dans le mental et ruminer

Vous sentez-vous concerné par l'une de ces réactions ?

Nous vous invitons à explorer davantage vos émotions et modes de réaction lors d'événements mentaux agréables ou désagréables. Ces exercices font partie des programmes MBSR et MBCT. Pendant une semaine, vous pouvez remplir le tableau de la page suivante à propos d'événements agréables.

Quelle a été votre expérience ?	Avez-vous pris conscience des émotions agréables pendant l'expérience ?	Qu'avez-vous ressenti dans votre corps à ce moment-là ?	Quelles sont les émotions et les pensées qui vous ont accompagnés dans cette situation ?	Quelles sont vos pensées, maintenant en écrivant ?

La semaine suivante, remplissez ce même tableau à propos d'événements désagréables...
Qu'avons-nous remarqué lors de notre expérience :
- Concernant l'expérience corporelle ?
- Concernant les émotions ? agréables ? désagréables ? neutres ? tendance à les éviter ? à les faire perdurer ?
- Concernant les pensées ? pensées du passé ? pensées du futur ? pensées de jugement ? tendance à les suivre ?

La pratique de la pleine conscience nous invite, dans les situations de la vie, à observer notre **réactivité** et la façon d'y faire face.

Répondre plutôt que réagir

Face à une situation stressante, une communication conflictuelle, une émotion perturbatrice, nous pouvons réagir ou répondre. Réagir, c'est un réflexe inconscient qui arrive compulsivement, sans réflexion et sans choix. Répondre, c'est faire un choix en conscience. La différence essentielle est de choisir de sortir des automatismes mentaux et comportementaux.
Les neurosciences disent qu'il est impossible de stopper la première réaction suite à la sollicitation d'un stresseur, car il n'y a pas d'espace à ce moment-là.

Alors comment faire ? Il est nécessaire de créer cet espace de respiration qui constitue un interrupteur de notre schéma comportemental. Nous nous permettons alors de nous ouvrir à un choix plus large de réponses. Dans la méditation, nous devenons capables… :

- d'accueillir l'expérience telle qu'elle se produit, d'accueillir les sensations, les pensées, les émotions ;
- de le regarder avec curiosité et un regard neuf ;
- de laisser derrière nous les jugements sur nous-mêmes ou sur l'objet de nos pensées ;
- d'accepter de ne pas faire quelque chose ;
- de pratiquer l'acceptation de ce qui se produit en l'instant, de faire confiance à ce qui se passe ;
- d'avoir de la patience et du détachement par rapport à ce que l'on vit jour après jour, méditation après méditation.

Grâce à l'entraînement à la pleine conscience, vous observez votre première réaction automatique, pour mieux la recevoir, l'observer et imaginer de nouvelles réponses.

Prenons un exemple : vous recevez une critique et vous ressentez de la colère. Par rapport à cette critique, selon votre habitude, le mode de réaction automatique pourra

être : attaquer l'autre, argumenter pour vous justifier ou vous taire et ne plus communiquer par exemple.
En mode réponse, après avoir respiré, vous pouvez reformuler la critique, exprimer votre sentiment par rapport à cette critique et envisager d'autres solutions pour résoudre le problème.
Expérimentons cette méditation…

Se mettre en mode « réponse » face à une situation qui provoque de la colère

Asseyons-nous et commençons à éprouver les sensations de notre respiration. Notons si nous respirons superficiellement ou rapidement à cause de notre frustration et évitons de nous juger. Étendons notre attention consciente à notre corps tout entier. Prenons conscience de ce qui se passe en nous-mêmes. Sentons cette colère qui est présente. Où se situe-t-elle dans notre corps ? Au creux de l'estomac ? Dans la poitrine ou la gorge ? Notre rythme cardiaque est-il trop rapide ? Notre bouche plus sèche ? Laissons-nous saluer cette émotion de colère au lieu de la bloquer. Observons comme c'est différent de ce que l'on fait habituellement lorsqu'on bloque notre colère sans la prendre en compte.

Respirons dans ces sensations et mettons de la bienveillance et de la curiosité dans nos émotions. Soyons conscients que peut-être le seul fait d'être plus présents à nos réactions change la sensation. Notre relation à notre réaction nous permet, par exemple, d'éviter d'exploser et d'apporter une réponse plus réfléchie. Notre ton de voix sera peut-être moins agressif, plus calme. Être simplement là à se poser sans chercher à changer quoi que ce soit, nous poser et voir ce qui se passe en nous en cet instant.

- *Comment nous sentons-nous après cette pratique ?*
- *Quelles ont été nos réactions en mode « réponse » ?*

MÉDITER, C'EST S'ENGAGER !

L'engagement est une pièce maîtresse dans notre décision à intégrer dans nos vies la méditation de pleine conscience. Nous prenons la décision de pratiquer la méditation régulièrement. En réalité, une pratique quotidienne est nécessaire pour en ressentir les bienfaits.

L'engagement, c'est la persévérance. Il s'agit de tenir dans la durée. C'est parfois difficile ! Et si, à un moment, nous n'avons pas respecté notre engagement, ce n'est pas le moment de tout abandonner. Revoyons nos intentions et reprenons la pratique, sans jugement sur nous.

L'une des raisons qui empêchent de tenir un engagement, c'est de mettre la barre trop haut, d'être trop exigeant envers soi-même : ne commençons pas par des méditations assises en silence pendant 1 heure !

Pour nous qui commençons à méditer avec ce petit livre, choisissons de nous engager sur une durée courte, réaliste et réalisable dans notre quotidien. Ce peut-être simplement de pratiquer l'exercice STOP 3 fois par jour, ou de prendre 10 minutes de méditation le matin en nous réveillant et le soir avant de nous coucher.

STOP, je m'arrête, et je fais un retour sur moi-même

Quand tout s'enchaîne à toute allure, que nous nous sentons dépassés, que nous sommes pris dans la tourmente et le tourbillon du stress ou lorsque, tout d'un coup, la fatigue nous assaille, cet exercice issu du MBSR peut nous aider à nous arrêter :

***S :** Stop ! Je m'arrête !*

***T :** Temps d'observation et d'ancrage dans notre corps et notre respiration.*

O : *Ouverture et Observation à ce qui se passe, nous faisons un état des lieux de nos pensées, nos émotions, nos sensations dans notre corps.*
P : *Présence, être là présent à la totalité de l'expérience telle qu'elle se présente : notre expérience intérieure et notre expérience extérieure, ce que nous voyons, ce que nous entendons, ce que nous sentons, ce que nous ressentons, ce que nous goûtons. Et nous sommes là à nous-mêmes.*
L'exercice STOP est un interrupteur de stress. Il est conseillé de le faire plusieurs fois par jour pour se retrouver un peu plus souvent en mode « être ».

Soyons aussi indulgents avec nous-mêmes, se mettre à pratiquer la méditation est un processus à long terme, tenons bon notre cap ! Cela nécessite un peu d'autodiscipline ! Et peu à peu, vous pourrez allonger la durée et varier les types de méditation.

S'engager, c'est aussi ne pas juger ce qui se passe durant la méditation, surtout si notre esprit a vagabondé ! Tout cela est normal, nous sommes tellement tournés vers l'extérieur dans la vie que le seul fait d'être présent à soi fait remonter un tas d'émotions non vécues, une foule de soucis non réglés.

Quand nous nous engageons, maintenons la barre comme le capitaine du bateau, c'est la barre de notre existence que nous tenons alors.

LES POSTURES DE LA MÉDITATION

Tout au long de ce livre, nous allons aborder les différentes pratiques formelles de méditation. Mais, pour débuter une pratique de méditation, nous devons résoudre quelques questions pratiques :
Où pratiquer ? Dans un endroit calme, dans un espace réservé où nous pourrons nous installer tous les jours pour méditer, si c'est possible, mais au-delà, nous pouvons aussi pratiquer la méditation dans la nature. Le téléphone éteint, assurons-nous de ne pas être dérangé. Fixons le temps de notre méditation.
Quand pratiquer ? Il est nécessaire de dégager du temps pour pratiquer. Choisissons une plage horaire fixe et régulière : le matin, le soir, avec un temps précis. Nous pouvons commencer par 15 minutes puis progressivement nous pouvons augmenter la durée jusqu'à 45 minutes. Il

est aussi possible de scinder notre assise en deux temps : le matin et le soir, par exemple. C'est la régularité qui est importante.

Comment pratiquer ?

L'important, c'est d'être confortable dans sa posture. Nous pouvons méditer :

- **Assis :** la méditation du souffle, la grande méditation assise ;
- **Couché :** la méditation du body-scan ;
- **En mouvement :** en marchant, en faisant des mouvements lents de yoga debout ou allongé ou d'autres pratiques comme le tai-chi-chuan ou le qi gong.

La méditation assise

La méditation assise est au cœur de la pratique de méditation. S'asseoir, c'est quelque chose d'ordinaire, mais on ajoute ici la conscience et une qualité de présence qui permet de :

- Passer en mode « être », être dans le « non-agir » en étant tout simplement conscient ;
- Retrouver la stabilité et l'équilibre intérieurs face aux tempêtes de la vie, dans une posture empreinte de verticalité et de solidité ;

- Prendre conscience de l'activité du mental, des pensées, des émotions qui défilent ;
- Reprendre contact avec soi-même et la richesse de son propre esprit ;
- Vivre des moments de paix et nourrir notre être profond.

Nous adoptons une position stable qui nous met en éveil et permet au souffle de circuler. Elle est l'équivalent physique de l'attitude intérieur de confiance et d'accueil de soi. Nous pouvons choisir : être assis sur une chaise ou être assis par terre ou être à genoux.

L'impératif : se sentir à l'aise dans sa posture, au calme, car la posture influence l'esprit.

Voici les points à observer pour une posture de méditation qui favorise la stabilité et la clarté. N'oublions pas que le corps et l'esprit font un, la posture du corps agit sur l'esprit, de la même façon que l'esprit agit sur le corps.

- *L'assise du bassin :* sentir tout son corps se poser au contact de ce qui est solide, que ce soit une chaise ou le coussin pour avoir ce sentiment d'être enraciné. Être bien assis, c'est trouver sa place sur la Terre.
- Les jambes permettent une assise juste dans leur positionnement : elles sont croisées, les genoux au sol quand nous sommes assis sur un coussin, elles

ne sont pas croisées quand nous sommes assis sur une chaise, les pieds posés sur le sol.

- Le torse droit vous met en contact avec votre verticalité, comme un fil à plomb. Laissez votre colonne vertébrale s'étirer elle-même, vivante, stable, alerte.
- Les mains posées bien à plat sur les genoux ou les cuisses. Pour ce faire : lâchons les bras le long du corps et remontons les mains sur nos cuisses ou nos genoux et laissons-les s'ouvrir et respirer.
- Les yeux ouverts ou fermés.
- La bouche entrouverte, les mâchoires relâchées.
- La tête qui s'élève vers le ciel, le menton légèrement rentré.

Cette posture en sept points agit sur votre état d'esprit : nous sommes pleinement là, assis sur la Terre, élancés vers le ciel.

On peut être assis :

- **sur une chaise :** restons bien droits, sans rigidité, la tête dans le prolongement de la colonne vertébrale. On peut mettre un coussin pour relever les fessiers et poser ses pieds sur un coussin au sol ;
- **au sol :** nous utilisons un coussin de méditation, appelé zafu, pour soulever le bassin et permettre aux genoux, jambes croisées, de toucher le sol. L'assise

juste nous permet de croiser les genoux de façon que les genoux soient plus bas que le pli de l'aine, avec un sentiment de solidité ;

- **à genoux** sur un tabouret de méditation dans la posture dite du « diamant ».

Chaque position de méditation est bonne à condition qu'on y soit à l'aise et qu'on puisse rester droit et alerte dans notre méditation. Et que la position ne provoque pas de douleurs. Si des douleurs apparaissent, elles sont le signe de tensions dans notre corps, il faut alors trouver une posture plus confortable et plus adaptée à notre morphologie.

Au contact de nous-mêmes, solides comme une montagne

Asseyons-nous un moment dans une posture droite, digne et souple à la fois, la tête droite comme reliée au ciel par un fil, les yeux mi-clos ou fermés, pleinement. Posons-nous en cet instant, tels que nous sommes, sans rien attendre ni désirer. Juste être. Nous sommes assis sur une chaise ou un coussin, en nous autorisant à avoir pleinement le droit d'être ainsi, un être humain posé sur la Terre.

Ressentons ces sept points de la méditation l'un après l'autre et entrons en contact avec notre corps, là maintenant, dans cette posture de méditation, tel qu'il est. Sentons-nous solides comme une montagne, dans cette stabilité et cette force, en étant pleinement présent, à 100 % dans notre corps, dans notre posture, le bassin bien posé sur la Terre qui nous soutient, nous sentons le ciel au-dessus de notre tête.
En ouvrant nos yeux, emportons avec nous cette solidité de la montagne dans notre corps.

Le but de la méditation de pleine conscience n'est pas d'obtenir de la détente ou d'éprouver quoi que ce soit. Il s'agit juste d'être dans le temps présent, de nous laisser ressentir ce qu'il y a à ressentir, à observer, ce qui se passe avec curiosité et bienveillance.
Il n'y a pas de bonnes ou de mauvaises méditations : tout ce qui se passe est acceptable et tout peut être accueilli avec bonté. Nous pouvons donc accueillir tout ce qui se passe, que l'expérience soit agréable ou non, dans cet esprit de gentillesse avec nous-mêmes. C'est un processus qui nous permet de laisser être et de lâcher prise.

La méditation allongée

Méditer avec son corps tout entier, c'est possible avec la méditation du body-scan. La méditation du body-scan est une méditation qui nous permet de relier notre corps et notre esprit qui ne font qu'un. Quand l'esprit est défaillant, il peut compter sur le corps ; quand le corps est défaillant, il peut compter sur l'esprit. C'est une méditation de santé et d'unité où nous focalisons notre attention sur notre corps, sur notre ressenti : chaleur, fraîcheur, tension, détente, sensations de contact avec l'air ou le vêtement, sensation dans les os, les muscles, les tendons.
C'est aussi une pratique de santé qui s'appuie sur la connexion corps-esprit, déterminant pour la réduction du stress et la gestion des pensées et des émotions.

Mini body-scan

Pour cette méditation du body-scan, allongé sur le dos, commençons par nous féliciter de prendre soin de nous en nous accordant ce moment de méditation.
Puis, focalisons notre attention sur notre souffle, l'inspire et l'expire, sans rien changer.

Nous allons explorer les chemins de notre corps au travers des sensations que nous percevons : picotements, démangeaisons, vibration, légèreté, lourdeur, fraîcheur, chaleur, sensations agréables, désagréables, neutres, tensions, détente, douleur. Inspirons et expirons plusieurs fois dans chaque partie du corps, puis passons à un autre endroit.

- *Commençons par le pied, puis la cheville, la jambe, le genou, la cuisse et la hanche gauche.*
- *Faisons la même chose pour la jambe droite.*
- *Portons notre attention sur le bas de la colonne vertébrale puis sur le devant du ventre et tous ses organes.*
- *Remontons, repérons nos sensations dans le thorax et la poitrine.*
- *Focalisons notre attention sur les mains, poignets, bras et épaules.*
- *Remontons jusqu'au visage.*

Portons notre attention sur l'ensemble de notre corps, dans son entier, notre corps respire, accueillons l'unité et la complétude.

Exprimons notre gratitude envers notre corps et remercions-nous de ce moment d'auto-compassion et d'amour envers nous-mêmes. Revenons à notre respiration avant d'ouvrir nos yeux.

Marcher en pleine conscience

Quand nous avons du mal à rester assis longtemps, la méditation en mouvement s'avère plus facile. Nous pouvons faire du yoga, du qi gong ou du tai-chi-chuan en pleine conscience. Mais le plus simple est encore la marche en pleine conscience.

Nous pouvons pratiquer la marche méditative chez soi en faisant juste des va-et-vient dans une pièce, ou dans un jardin, dans la forêt, un moment, au cours d'une promenade.

Laissons Matthieu Ricard guider nos pas dans cette méditation

« Marcher juste pour le plaisir de marcher, avec liberté et solidité, sans nous dépêcher. Nous sommes présents à chacun de nos pas. Quand nous souhaitons parler, nous nous arrêtons de marcher et nous prêtons toute notre attention à la personne en face de nous, à nos paroles et à notre écoute [...]. Arrêtez-vous, regardez autour de vous et voyez comme la vie est merveilleuse : les arbres, les nuages blancs, le ciel infini. Écoutez les oiseaux, savourez la brise légère. Marchons comme une personne libre et sentons nos pas devenir plus légers au fur et à mesure que nous marchons. Apprécions tous les pas que nous faisons[5]. »

5 *L'Art de la méditation*, Nil Éditions, 2008.

LES PRÉCEPTES DE LA PRATIQUE MÉDITATIVE

Explorons maintenant les attitudes qui fondent notre pratique de la méditation. Ces qualités vont nous aider dans notre vie de tous les jours si nous les cultivons.

Prenons dans notre main un objet qui nous entoure et faisons l'expérience avec chaque attitude.

L'esprit du débutant et la curiosité : il s'agit à chaque méditation d'explorer notre expérience unique et présente avec curiosité. Chaque respiration est unique, chaque geste est unique…
Il s'agit aussi d'avoir un regard neuf sur ce qui se passe, lâchant nos a priori, nos croyances, nos présupposés. C'est aussi se libérer de ce que nous savons déjà, comme si c'était la première fois !

Observons cet objet comme si c'était la première fois que nous le regardions : ses couleurs, sa forme, son volume, autre chose ?

Soyons au contact des sensations : lourdeur, légèreté, chaleur, fraîcheur, rugosité, lisse, autre expérience ? En le mettant sous notre nez : a-t-il une odeur ? En le frottant avec notre main : y a-t-il un son qui se dégage ?

Le non-jugement : il s'agit d'une observation impartiale de nos expériences. Lâchons les jugements sur ce qui se passe. Notons les expériences et leur déroulement, et accueillons avec une neutralité bienveillante notre expérience telle qu'elle est. Arrêtons également de juger le jugement ! Cette pratique nous permet de développer l'authenticité et la bienveillance envers ce qui se passe et envers nous-mêmes.

Durant l'expérience ci-dessus : avons-nous noté des jugements sur cet objet ou sur notre capacité à rentrer dans l'expérience ou sur notre attitude ?

Le non-effort : l'expérience de la pleine conscience nous offre un espace de « non agir ». Dans notre expérience, il n'y a pas de désir de changer quoi que ce soit, ni d'aversion au changement. Il s'agit toujours d'accueillir le mouvement naturel de ce qui est là dans le moment présent.

Pour observer et entrer en relation avec cet objet, avons-nous fait cette expérience dans le non-effort ?

L'acceptation : il s'agit d'accepter l'expérience telle qu'elle se présente dans sa justesse. L'acceptation, c'est aussi nous permettre d'avancer vers l'équanimité, cet espace de paix et d'équilibre que nous propose la pleine conscience.

Avons-nous accepté cette expérience et tout ce qui s'est présenté à nous ?

La confiance : nous pouvons faire confiance au processus de la méditation. Cette confiance s'adresse aussi à chacun : nous sommes tous les experts de notre propre expérience, de nos ressentis. Grâce à la pratique, un nouveau rapport à nous-mêmes se déploie : plus de confiance en soi qui va entraîner plus de confiance en l'autre.

Qu'avons-nous ressenti en termes de confiance ?

La patience : la patience fait partie du processus de changement. Laissez les changements s'opérer à leur rythme. Laissez la chenille devenir papillon !

Avons-nous ressenti de l'agacement, de l'irritation ou avons-nous laissé l'expérience se déployer ?

Le lâcher-prise ou le détachement : en repérant nos attitudes et réactions d'attraction ou de rejet, nous nous entraînons au lâcher-prise. Rappelons-nous que nous en faisons l'expérience tous les soirs en nous endormant : nous lâchons prise sur la veille !

Est-ce possible pour nous de lâcher à la fois les pensées, les émotions, les jugements – sur nous et sur l'expérience – et de les regarder avec plus de distance ?

Nous avons posé toutes les bases pour une pratique de la pleine conscience, nous pouvons méditer ! Nous distinguons la **pratique formelle :** les méditations proprement dites et la **pratique informelle** qui concerne la pratique au quotidien dans les gestes de tous les jours. Commençons par les pratiques formelles.

4e partie

•

PRATIQUES FORMELLES DE MÉDITATION DE PLEINE CONSCIENCE

« La méditation n'est pas affaire de mots
mais de pratique. Il ne sert à rien de lire
maintes fois le menu d'un restaurant ;
ce qui compte, c'est de se mettre à table. »
Matthieu Ricard[6]

Tout est maintenant en place pour aborder le cœur de la pratique de pleine conscience : la pratique formelle !

LA MÉDITATION DU SOUFFLE

La méditation la plus simple, pour commencer, est la méditation du souffle. C'est la pratique la plus utilisée par les méditants du monde entier depuis plus de 2 500 ans. Le souffle constitue la base de la pratique méditative.

---

6 *L'Art de la méditation*, Nil Éditions, 2008.

La respiration est toujours présente et constitue une ancre qui nous ramène au corps à chaque instant.

On peut ressentir son souffle dans tout son corps : le nez, le thorax, le ventre sont mobilisés par le va-et-vient de la respiration.

Se centrer sur le souffle est une merveilleuse façon d'apprendre à être pleinement présent ici et maintenant. Quand nous sommes attentifs au mouvement du souffle, nous sommes toujours dans le présent et si notre esprit vagabonde, dans les pensées ou les émotions, nous pouvons toujours revenir à notre souffle.

Rappelons-nous de garder une posture droite, empreinte de dignité et souple, avec les épaules et les mâchoires détendues, la tête droite comme reliée au ciel par un fil, la nuque alignée à la colonne vertébrale, les yeux baissés ou fermés. Cette attitude physique permet au souffle de circuler facilement. C'est aussi la contrepartie physique de l'attitude intérieure empreinte d'attention, d'accueil de soi, de confiance que nous cultivons. Posons-nous en cet instant, tels que nous sommes, sans rien attendre ni désirer. Juste être. Il ne s'agit pas de changer quoi que ce soit à notre respiration : observons ce qui se passe et laissons-nous « être » dans notre respiration, inspire après expire. Nous sommes assis sur une chaise ou un coussin, en s'autorisant à avoir pleinement le droit d'être ainsi, un être humain posé sur la Terre.

Méditation du souffle

Remercions-nous d'être là aujourd'hui et de prendre ce temps pour méditer.

Installons-nous dans une position stable et digne, les épaules relâchées. Dirigeons notre attention sur notre souffle, prenons conscience de notre respiration pour lui laisser de la place, de l'espace.

Explorons l'air plus frais qui entre dans le corps, qui passe par le nez, la gorge, le début des bronches et l'air plus chaud qui en ressort.

Observons comment le thorax et le ventre se soulèvent à chaque inspire et s'affaisse à chaque expire. Inspirons, expirons en étant pleinement conscient du souffle.

Observons ce va-et-vient du souffle, comme les vagues, comme un bateau qui monte et qui descend naturellement sur les vagues du souffle. Remarquons leur nature éphémère et transitoire, instant après instant.

Inspirons jusqu'au bout de l'inspire, expirant jusqu'au bout de l'expire.

Laissons le flux de la respiration ondoyer dans tout notre corps.
Explorons les sensations du corps en inspirant et en expirant, avec curiosité et bonté, accueillant ce qui se passe. Observons la région du corps où le souffle est le plus présent en cet instant.
Suivons le mouvement de la respiration, son va-et-vient comme les vagues de la mer, une inspire, une expire.
Si l'esprit s'échappe, ce qui est normal puisque le mental fonctionne toujours ainsi, il n'y a pas à se battre pour supprimer les pensées, juste les laisser s'en aller comme un nuage qui passe dans le ciel ou comme une feuille qui flotte à la surface d'une rivière, pour revenir, instant après instant à la respiration. Observons que les pensées ne sont que des pensées.
Ramenons la conscience dans le souffle et continuons à rester au contact de la respiration comme une ancre dans le corps pour revenir à la présence, instant après instant.
Remercions-nous d'avoir pris soin de nous, poursuivons notre journée avec notre souffle et sentons-nous exister.

Il n'est pas toujours facile de rester attentif à la respiration, tant les pensées, les émotions, les sensations, les distractions extérieures se manifestent. « *Aussitôt que vous vous rendez compte que votre mental n'est plus sur la respiration, ramenez-le avec attention et ancrez-le sur la sensation* », nous dit Henepola Gunaratana[7], et Jon Kabat-Zinn[8] ajoute : « *L'important dans la pratique n'est pas de "faire" ni de "faire bien". L'essentiel est d'être.* »

LA PRATIQUE DU BODY-SCAN

Le body-scan ou balayage corporel est une pratique formelle de méditation essentielle qui s'appuie sur la connexion corps-esprit, déterminant pour la réduction du stress et la gestion des pensées et des émotions.
Il permet :

- de rassembler le corps et l'esprit en déplaçant son attention sur différentes parties du corps puis à la fin sur le corps dans son ensemble. Elle développe la conscience de ses sensations corporelles ;

---

7 *Méditer au quotidien*, Marabout, 2013.

8 *Au cœur de la tourmente, la pleine conscience*, Deboeck, 2009.

- de développer la concentration et la souplesse de l'attention. Centrée sur le corps, l'attention est maintenue d'une façon soutenue pendant un certain temps.

Il nous donne l'opportunité d'accorder notre attention à chaque partie du corps en étant à l'écoute de notre ressenti : chaleur, fraîcheur, tension, détente, sensations de contact avec l'air ou le vêtement, sensation dans les os, les muscles, les tendons.
Cette pratique méditative est un interrupteur de stress, des pensées, des émotions, car nous sommes conduits à nous focaliser sur toutes les parties de notre corps.

Le body-scan se pratique allongé sur le dos, sauf si cette position nous est pénible : adoptons alors une position couchée favorable à la détente.
Si nous avons tendance à nous endormir, nous pouvons garder les yeux ouverts ou relever les genoux pour nous maintenir éveillé.

Le body-scan n'est pas un exercice de relaxation, même s'il apporte une détente profonde. C'est avant tout un exercice d'éveil à nous-même, à notre corps, en acceptant de ressentir ce qui se présente dans l'instant présent.

C'est aussi avec bienveillance et curiosité que nous accueillons ce qui se passe dans notre corps, sans juger, sans changer de position, sauf si elle devient trop inconfortable, nous adoptons alors une autre posture couchée en étant conscient du changement que nous effectuons et à l'écoute des nouvelles sensations.

Au cours de la pratique du body-scan, parfois une **douleur physique** apparaît : nous vous invitons à en explorer les sensations. Habituellement, nous avons tendance à lutter, à nous battre contre elle en nous contractant et en étant en colère ou triste à son contact. Nous vous invitons à explorer votre douleur, à respirer dedans et à relâcher les pensées et les émotions à son sujet. Respirons dans la sensation désagréable. Si des émotions apparaissent, là aussi explorons avec curiosité et observons : « tiens voilà de la colère, ou de la tristesse, ou de la peur ». Soyons conscients aussi des pensées qui y sont associées. Observons-les et ressentons les sensations qu'elles génèrent : tensions dans le dos, dans les épaules, crispations, nœuds dans l'estomac, diaphragme bloqué. Ces sensations sont une indication pour nous qu'il est temps de nous occuper de nous.
Observons aussi les changements qui se manifestent dans la nature changeante et impermanente de toute chose.

Pour tous, notre esprit va vagabonder ! Remarquons ces pensées qui arrivent comme des événements éphémères et revenons à notre corps.

Méditation du body-scan

Nous sommes installés au sol dans une position confortable et nous allons porter notre attention en douceur sur ce que nous vivons à chaque instant, en acceptant ce qui peut survenir.

Fermons doucement les yeux et félicitons-nous d'être là aujourd'hui avec nous-mêmes, de nous accorder ce moment pour méditer et choisir de prendre soin de nous…

Prenons conscience du poids du corps sur le sol, des points de contact avec le sol.

Explorons ce qui se présente maintenant, quelles sont nos pensées, nos émotions, nos sensations, ce qui est présent là, dans l'instant.

Dirigeons notre attention sur l'inspiration, conscient de l'inspire et de l'expire.

Inspirons jusqu'au bout de l'inspire, expirant jusqu'au bout de l'expire. Sentons l'air plus frais qui entre dans les narines, l'air plus chaud qui en ressort. Sentons le ventre se soulever à l'inspire et s'abaisser à l'expire.

Et revenons au souffle, inspiration après expiration.
Explorons les sensations qui sont les nôtres maintenant : picotements, démangeaisons, légèreté, lourdeur, fraîcheur, chaleur, sensations agréables, désagréables, neutres, tensions, détente, douleur. Repérons tout ce qui entre dans le champ l'attention. Accueillons tout ce qui se présente. Laissons-les exister.
De même, si des pensées, des émotions surgissent, accueillons-les avec gentillesse et repérons les sensations corporelles qui les accompagnent. Laissons exister.
En parcourant les chemins du corps, portons toute l'attention sur le pied gauche, son contact avec le sol, élargissons notre attention à l'ensemble du pied : les orteils, la plante du pied, la cheville. Sentons les sensations dans le pied tout entier.
Remontons la conscience à la jambe, sentons l'extérieur, l'intérieur de la jambe puis remontons jusqu'au genou, sentons ce qui se passe.
Puis, remontons jusqu'à la hanche. Quelles sont les sensations dans la cuisse ? Explorons ces sensations en étant conscient.
Inspirons dans l'ensemble de la jambe et du pied gauche comme si l'air arrivait jusqu'au bout des orteils

et expirons en laissant repartir le souffle des pieds jusqu'au nez.
Envoyons le prochain souffle jusqu'au pied droit. Explorons les sensations dans le pied droit : le talon sur le sol. Laissons la conscience s'élargir jusqu'à orteils, la plante du pied, le dessus du pied, la cheville et sentons ce qui se passe.
Laissons remonter la conscience vers la jambe, le tibia, le mollet puis le genou.
Puis la cuisse, jusqu'à la hanche.
Explorons toutes les sensations en étant conscient de ce qui est.
Inspirons dans l'ensemble de la jambe et du pied droit comme si l'air arrivait jusqu'au bout des orteils et expirons en laissant repartir le souffle des pieds jusqu'à notre nez.
Mettons notre conscience dans l'ensemble du bassin et du ventre : est-il souple ? Est-il tendu ? Devenons conscient des organes génitaux, de la vessie, des intestins. Sentons ce qui se passe, toutes les sensations et ressentis en étant présent.
Remontons jusqu'au diaphragme, sous nos côtes, englobant le foie, l'estomac, la rate, le pancréas, en étant présent.

Le ventre dans son ensemble est le siège des émotions, notons ce qui s'y passe. Accueillons et laissons être, les pensées, les émotions, les sensations.
Portons maintenant l'attention sur le bas du dos et sentons et explorons toute la colonne vertébrale du bas jusqu'en haut, du sacrum aux cervicales. Explorons les sensations telles qu'elles sont.
Laissons les sensations onduler et se propager, laissons exister ce qui est.
Si une sensation de gêne, d'inconfort apparaît, observons-la : est-elle changeante ? Que se passe-t-il si nous mettons notre respiration dedans ? Accueillons aussi les douleurs si elles se présentent.
Explorons la poitrine, les seins, les poumons, le cœur. Sentons les sensations dans ces endroits.
Laissons les pensées, les émotions exister, les accueillir, notons qu'elles sont là et laissons-les repartir.
Portons maintenant l'attention sur la main gauche, les doigts, la paume de la main, le dessus de la main, l'articulation du poignet, sentons ce qui s'y passe.
Remontons jusqu'au coude et sentonst le bras, l'articulation du coude puis remontons jusqu'à l'épaule. Sentons toutes ces sensations dans l'ensemble du bras gauche.

Inspirons en envoyant l'air dans le bras gauche jusqu'au bout des doigts, expirons en laissant l'air ressortir par le nez.
Explorons maintenant la main droite, les doigts, la paume de la main, le dessus de la main, l'articulation du poignet, sentons ce qui s'y passe.
Remontons jusqu'au coude et sentons le bras, l'articulation du coude puis remontons jusqu'à l'épaule. Sentons toutes ces sensations dans l'ensemble du bras droit.
Inspirons en envoyant l'air dans le bras droit jusqu'au bout des doigts, expirons en laissant l'air ressortir par le nez.
Reprenons l'exploration des épaules jusqu'au cou, cette zone particulière, laissons les sensations onduler et se propager.
Remontons à notre tête, nos mâchoires, notre visage, les oreilles, les yeux, le cuir chevelu, l'arrière de la tête, sentons les sensations, prenons conscience de toutes ces sensations et laissons-les être.
Explorons l'intérieur, la bouche, les organes sensoriels, le cerveau, sentons ce qui se passe à l'intérieur.
Sentons notre tête, connectée à l'ensemble de notre corps.

Soyons conscients de notre corps tout entier, vivant, éveillé, présent, respirons dans le corps tout entier, inspirons et expirons.
Inspirons en envoyant le souffle dans le corps tout entier avec un sentiment de gratitude et remercions-le en expirant.
Remercions-nous de prendre ce temps pour prendre soin de notre santé et de nous-mêmes maintenant.
Remercions-nous de ce moment d'auto-compassion et d'amour envers nous.

LA MÉDITATION ASSISE EN 5 POINTS

La méditation assise est au cœur de la pratique formelle. Tout le monde s'assoit, c'est quelque chose d'ordinaire, mais là, on ajoute la conscience et une qualité de **présence**. Elle permet de :

- passer en mode « être », le non-agir en étant tout simplement conscient ;
- retrouver la stabilité et l'équilibre intérieurs face aux tempêtes de la vie ;

- prendre conscience de l'activité du mental, des pensées qui défilent ;
- reprendre contact avec soi-même et la richesse de son propre esprit ;
- vivre des moments de paix et nourrir notre être profond.

Comme pour la méditation du souffle, nous adoptons une position stable qui nous met en éveil, pour parcourir les cinq points.

La conscience du souffle

Nous retrouvons la focalisation sur notre souffle, le va-et-vient des sensations des vagues de notre respiration. Ce va-et-vient respiratoire au fur et à mesure de la pratique nous enseigne la nature toujours fluctuante de l'expérience. Il nous ramène à **l'impermanence** des choses et l'aspect changeant de la vie. Il nous apprend à nous laisser porter plutôt que de résister. La résistance à quoi que ce soit provoque de la souffrance, du stress et de l'inconfort. Au bout de quelques minutes, quelque chose va se manifester : pensée, émotion, sensation douloureuse ou autre. Lâchons prise et revenons au souffle avec bienveillance. Nous pouvons avoir à le faire une centaine de fois au cours d'une méditation assise, et une centaine de fois nous ramenons notre conscience sur le souffle. C'est normal, c'est ainsi que l'esprit fonctionne ! En pratiquant de la sorte, notre concentration se construit et s'approfondit et nous apprenons la **patience** et le **non-jugement**.

Le ressenti des sensations du corps

Après ce temps de conscience du souffle, nous élargissons le champ de l'attention à notre corps en tant que sensations physiques. Il ne s'agit pas de ressentir chaque partie comme dans le body-scan. Juste ce qui prévaut au moment voulu. Si l'inconfort se produit, la réaction automatique est de changer de position, la suggestion est de ne pas le faire dans l'immédiat. Accepter la douleur ou l'inconfort, respirer avec elle et accueillir tout ce qui se présente. Nous pouvons aussi respirer dans la douleur et l'explorer, cela réduit cette sensation désagréable.

L'écoute des sons

La méditation assise nous propose de nous intéresser quelques instants aux sons. Les sons internes, les sons externes, Remarquons **l'impermanence** sonore. Repérons aussi l'impact émotionnel de certains sons, et soyons attentifs au silence entre deux sons.

L'attention aux pensées et aux émotions

Observer ses pensées et ses émotions, c'est prendre conscience de ce vagabondage incessant de l'esprit. Pour certains, c'est une révélation ! C'est un soulagement d'apprendre que c'est tout à fait habituel pour tout le monde de fonctionner de cette façon-là !
Quand nous sommes stressés, les états mentaux peuvent être chargés d'anxiété ou d'angoisse ; quand nous sommes plus calmes, les pensées peuvent être plus neutres. Quel que soit le contenu de ces pensées, il s'agit de les considérer comme des événements distincts qui arrivent à notre conscience et de les traiter comme tels : ne pas s'y attarder, ne pas rentrer dans leur contenu, juste observer qu'elles sont là et les lâcher. Nous leur accordons un espace pour qu'elles aient leur place dans le champ de notre conscience et nous observons que **nos pensées ne sont que des pensées et pas la réalité**. Ce constant que nous faisons alors est extrêmement libérateur. Nous repérons alors l'emprise de nos pensées sur nous et la pertinence ou non de leur contenu.

Souvent les états mentaux et les douleurs physiques sont reliés à des émotions ; il est alors intéressant de noter le lien entre les uns et les autres. Nous pouvons aussi remarquer que la résistance à vivre une émotion a pour effet d'augmenter la douleur physique. C'est donc un précieux apprentissage de considérer ses émotions et de les prendre en compte. Derrière les pensées, il y a des émotions que souvent nous refoulons. Il s'agit là encore de leur donner un espace au lieu de les éviter et de les nier. On peut alors en parler et les décrire.

Regarder ses émotions, c'est aussi **accepter de regarder la souffrance et le stress** qui sont en nous et s'en libérer.

En abandonnant le combat contre soi-même, en acceptant qui nous sommes, nous nous tournons vers la guérison intérieure et **l'auto-compassion**.

Thich Nhat Hanh nous dit que « *Méditer, c'est regarder profondément dans le cœur des choses.*[9] »

Méditation de la conscience ouverte

La méditation de la conscience ouverte consiste à ne porter son attention sur rien. Nous ne cherchons rien et restons ouverts à ce qui vient et juste l'accueillir. Notre focalisation est sur ce qui se présente dans l'instant – les remous de notre expérience intérieure : pensées, sensations, sons, émotions et peut-être vacuité.

9 *Vivre en pleine conscience, paix et joie dans les tribulations de la vie*, Terre du Ciel, 1999.

Nous allons maintenant nous laisser guider dans cette méditation étape par étape…

Méditation assise en 5 points

Se mettre dans la posture

Dans une posture de méditation digne et stable, bien assis sur un coussin ou sur une chaise, le bassin détendu, la colonne vertébrale s'élançant vers le ciel, la tête et la nuque dans son prolongement, installons-nous dans cette posture, sans rien avoir à faire, juste à « être », et ressentons. Nous sommes comme une montagne, bien ancrés.

La conscience du souffle

Prenons conscience également de la respiration, de son mouvement, en nous laissons porter par ce mouvement, en laissant notre respiration nous ramener tout doucement à la maison là où nous pouvons nous centrer en ce lieu familier, notre ancrage, ou nous pouvons nous ouvrir à tout ce qui est déjà là. Restons en contact avec la respiration qui se fait d'elle-même, sa nature changeante, sa durée, les pauses entre chaque temps respiratoire, les sensations en lien avec la respiration sur tout son trajet. Focalisons notre attention sur notre

souffle, sur notre abdomen en sentant notre ventre se dilater à l'inspiration et se rétracter à l'expiration, commençons ainsi à pratiquer la respiration consciente. Inspirons en étant conscient de l'inspire, expirons en étant conscient de l'expire, vivons la respiration au fil du souffle, une inspiration et une expiration à la fois. Sentons le changement des sensations dans le corps. Nous pouvons sentir le trajet du souffle lorsqu'il pénètre dans notre corps à l'inspiration puis, de la même façon, le trajet du souffle à l'expiration, essayons d'être totalement présent à chaque instant de la respiration au début de l'inspire, au milieu de l'inspire, à la fin de l'inspire, lors de la pause, du début de l'expire, du milieu de l'expire, de la fin de l'expire, et à nouveau de la pause… Tout en gardant la respiration naturelle, il ne s'agit pas de la contrôler ou de la changer, mais de laisser la respiration respirer d'elle-même et d'accueillir simplement l'ensemble de notre expérience, rien à changer, rien à atteindre.
Revenons au souffle, le va-et-vient des vagues de la respiration comme un ancrage dans notre maison intérieure. Ce va-et-vient respiratoire au fur et à mesure de la pratique enseigne la nature toujours fluctuante de l'expérience.

Simplement établi dans une présence à soi-même, pas besoin d'être autre chose que ce qu'elle est. Des pensées vont nous entraîner et nous égarer hors de la concentration sur la respiration : des pensées du passé, du futur, des projets, des rêveries… C'est normal, c'est la façon dont l'esprit fonctionne, ce n'est pas une erreur ou un échec, c'est ainsi. Notons simplement les pensées et revenons poser notre attention sur la respiration, en nous félicitant d'avoir pris conscience de ce phénomène. Notons brièvement le type de pensées sans suivre son contenu puis ramenons doucement mais fermement l'attention sur les sensations physiques en lien avec la respiration, présents. Quels que soient les vagabondages de l'esprit, faisons preuve de gentillesse, acceptons cette opportunité de développer patience et curiosité bienveillante à l'expérience, quelle qu'elle soit. Félicitons-nous de ce moment d'éveil, et soyons conscient de chaque moment en utilisant la respiration comme une ancre pour se reconnecter dans le présent à chaque fois que notre esprit a été distrait.

La conscience des sensations dans le corps

Bien établi dans le ressenti de la respiration, commençons à élargir le champ de l'attention et incluons les sensations physiques du corps tout entier. À partir des mouvements respiratoires abdominaux, laissons la respiration s'amplifier dans tout le corps afin de prendre conscience du corps comme un tout et toutes les sensations corporelles dans un flux de changements constant, et peut-être sentons maintenant les mouvements respiratoires comme si le corps tout en entier respirait, ce qui est une réalité. Intéressons-nous à ce qui prédomine dans le corps en tant que sensations physiques. Juste ce qui prévaut au moment présent : tension, détente, picotement, démangeaison, légèreté, lourdeur, chaleur, fraîcheur…

Si rien ne se passe, observons nos sensations de contact : le contact avec le sol ou la chaise, le contact de notre visage avec l'air, et notons là encore l'aspect transitoire et impermanent des sensations.

Si l'inconfort se produit, la réaction automatique est de changer de position, la suggestion est de ne pas le faire dans l'immédiat. Acceptons la douleur ou l'inconfort, respirons avec elle et accueillons tout ce qui se présente. Modifions ensuite la posture en pleine conscience.

Élargissons le champ de l'attention au corps tout entier qui respire, dans sa globalité.
Sentons l'air parcourir le corps tout entier, le torse, les jambes, les bras, et au moment de l'expiration, sentons l'air sortir de tout le corps. Explorons le mouvement de l'air dans le corps au gré des mouvements du souffle.
Sentons tout le corps qui respire…
Portons maintenant attention aux sensations corporelles : tension, détente, lourdeur, légèreté, douleur, démangeaison, picotement, fraîcheur, chaleur, humidité, sécheresse. Elles peuvent être agréables, désagréables ou neutres. Accueillons ces sensations avec curiosité et bienveillance : leur apparition, leur disparition, la nature éphémère et transitoire des sensations corporelles.
Remarquons comment chaque instant est unique et différent. Remarquons les variations des sensations, présents à ce qui se passe dans le corps à cet instant même.
Ramenons l'esprit qui s'évade du corps.

Méditation des sons

Élargissons la focalisation pour englober l'univers sonore.
Écoutons les sonorités internes : la respiration, les battements du cœur, les gargouillements. Élargissons

encore à l'environnement externe qui est là : les sonorités éloignées, plus proches. Écoutons le volume, la durée, la hauteur de chaque son.
Remarquons une nouvelle fois cette impermanence sonore. Évitons de qualifier un son en disant : « Tiens, c'est un oiseau », intéressons-nous plutôt à ses caractéristiques : sa hauteur, grave ou aiguë, son volume, sa durée. Sans aucun jugement sur ce que nous entendons et accueillant notre univers sonore, son après son.
Les sons peuvent être agréables ou désagréables, laissons les jugements de côté pour avoir un rapport pacifié avec ce bain sonore.
Écoutons le silence entre les sons. Juste écouter.

Méditation des pensées et des émotions

Élargissons le champ de la conscience aux états mentaux : pensées, émotions.
L'esprit est pareil à un ciel bleu et les pensées sont comme des nuages qui apparaissent et qui s'en vont. Le ciel n'est pas affecté par les nuages…
Prenons conscience de nos émotions : pouvons-nous les nommer, les identifier ou les ressentir ?
Conscient de la nature changeante des pensées et des émotions qui vont et viennent en cet instant…

Remarquons dans quelle région du corps nous ressentons ces émotions. Comment est la sensation ? Respirons dans cette partie du corps et accueillons les changements qui peuvent survenir. Laissons « être ». Quel que soit le contenu de ces pensées, il s'agit de les considérer comme des événements distincts. Observons la nature de ces pensées : pensées du passé, ressassement, rumination, regrets ; pensées du futur, planification, organisation, événement futur ; pensées de jugement, de critique des autres, autocritique. Observons notre mode de fonctionnement. Remarquons également les commentaires, les conseils que nous donnons, le ton de notre voix, son rythme et puis très vite les opinions, les vues, les croyances, les trains de pensées dans lesquels cela nous entraîne. Notons simplement cela sans les prendre pour des vérités factuelles et sans nous y identifier mais juste en les voyant comme des pensées et des émotions qui passent. Essayons de voir nos pensées plutôt que de penser nos pensées, de voir et d'accepter ses pensées, ses émotions pour ce qu'elles sont en développant une plus grande intimité avec notre intériorité et sans être pris dans nos schémas habituels. Ressentons les émotions qui nous traversent leur donnant un espace au lieu de les éviter ou de les nier. Regardons ces émotions, nommons-les, « tiens, là, cette émotion que je connais bien », acceptant de regarder la souffrance qui est là et de s'en libérer. Retrouvons un rapport avec ses émotions dans un processus de croissance et de transformation intérieure. En abandonnant le combat contre soi-même, dans l'acceptation de ce qui est, avec bienveillance et compassion pour soi.

Méditation sans objet

Laissons les pensées et les émotions en arrière-plan et portons l'attention sur l'instant présent. Élargissons encore le champ de la conscience en demeurant présent sans focaliser sur un objet particulier, mais en étant à l'écoute de tout ce qui prédomine, instant après instant, soit un son, soit une pensée, soit une émotion, soit une sensation simplement présente dans l'espace de la conscience qui contient tout, les joies comme les chagrins, les irritations comme la douleur, l'agitation, l'ennui, la tristesse, la dépression. Toutes les sensations, les perceptions, les pensées, les émotions peuvent se libérer naturellement dans l'espace illimité et lumineux de la conscience en les laissant simplement aller et venir dans cet espace d'acceptation bienveillante. Pendant

quelques instants, soyons ouverts et réceptifs à tout ce qui se présente instant après instant. Observons avec curiosité ce qui se passe, dans la nature changeante du corps et de l'esprit instant après instant.
Et si nous nous perdons dans ces phénomènes qui se manifestent ou si nous nous dispersons, ce qui peut arriver très facilement, alors rétablissons la stabilité de l'esprit en le ramenant sur la respiration.

Retour au souffle et terminer

Revenons maintenant à notre souffle, l'inspire jusqu'au bout de l'inspire, l'expire jusqu'au bout de l'expire dans la présence du souffle.
Terminons cette pratique formelle en sachant qu'elle continue et que l'espace vaste et lumineux de la conscience est accessible à tout moment tandis que nous cultivons la pleine conscience dans notre vie. Dans tous les aspects de notre vie, nous pouvons maintenir notre qualité de présence sans jugement et vivre notre vie pleinement, quelles qu'en soient les circonstances, juste là dans l'instant, juste là présent. Prenons conscience de la perception de notre propre présence, du fait que nous sommes vivants. Accueillons la propre perception intérieure de la plénitude, d'« être ».

Prenons le temps de nous féliciter de cette pratique de méditation.
En quittant cette pratique, nous ne quittons pas notre souffle, il restera présent en nous tout au long de la journée. Nous pouvons y revenir et nous sentir exister.

LA PRATIQUE DE LA MARCHE MÉDITATIVE

« La vie est ici, à chaque pas. Apprenez à ralentir, à marcher avec calme, liberté et dignité. Si vos pas sont paisibles, le monde profitera de votre paix »
Thich Nhat Hanh[10]

La marche méditative nous apprend à rester ancrés dans notre corps en mouvement. Cette approche nous rappelle que nous pouvons lâcher le mode « faire » : marcher pour faire ses courses, et adopter le mode « être » : il n'y a nulle part où aller, rien à faire, rien à attendre.
Habituellement quand nous marchons, nous portons notre attention sur notre destination. Ici, dans la marche méditative en pleine conscience, il s'agit de privilégier

10 *La Paix en soi, la paix en marche*, Albin Michel, 2006.

l'expérience que nous vivons en marchant. La marche en pleine conscience permet de descendre le mental vers la plante des pieds, vers le sol.
Choisissons une courte distance à parcourir, marchons d'abord lentement en décomposant le mouvement : le déroulé du pied, le contact du sol sous la plante des pieds, le moment d'équilibre, de déséquilibre. Puis nous pouvons ressentir nos jambes, puis notre corps tout entier, tous les muscles et les articulations dans leur fonctionnement, puis notre corps dans sa globalité.

Marche méditative

Commençons cette marche méditative en nous tenant debout, dans une position confortable.
Ne bloquons pas les genoux. Si possible, relâchons toute tension inutile au niveau des jambes, des bras, des épaules, de la mâchoire et du visage, les bras peuvent être le long du corps.
Prenons conscience de notre respiration naturelle.
Sentons le poids des pieds sur le sol, ressentons l'inclinaison naturelle vers la gauche et vers la droite, et observons la manière dont les sensations au niveau de nos pieds changent.

Maintenant, déplaçons doucement le poids du corps vers la gauche, jusqu'à ce que le corps repose presque entièrement sur le pied gauche. Remarquons la sensation que cela procure.
Relevons le pied droit et plaçons-le devant, en restant attentif aux sensations au niveau des pieds.
Commençons à transférer le poids du corps du pied gauche au pied droit.
Une fois que presque tout le poids du corps est sur le pied droit, doucement, relevons le pied gauche et le plaçant devant le pied droit.
Explorons l'équilibre, pas après pas, lentement, accueillant ce qui est dans une curiosité bienveillante.
Soyons curieux et ouvert à tout ce que nous pouvons remarquer, agréable ou non.
Continuons à marcher ainsi, lentement et avec une attention consciente, en maintenant cette attention sur nos pieds.
Tout en marchant, trouvons un rythme de marche régulier et qui nous convient. Tout en marchant, étendons le champ de l'attention consciente des pieds à l'ensemble du corps.
Sentons notre corps tout entier qui respire et qui marche, dans l'attention consciente.

Tout en continuant à marcher, nous pouvons étendre le champ de l'attention consciente à ce qui nous entoure, à ce que nous pouvons voir, entendre et sentir.
Soyons curieux et ouvert à tout ce que nous pouvons remarquer, que ce soit agréable ou désagréable. Changeons de rythme pour explorer notre ressenti, pas après pas, instant après instant. Remarquons la nature changeante de l'expérience, et accueillons ce qui vient. Éprouvons de la gratitude pour être capable de marcher : de nombreuses personnes n'ont pas cette possibilité. Continuons cette marche méditative aussi longtemps que nous le voudrons, et de la manière qu'il nous plaira.

La méditation de pleine conscience est **un entraînement**. Quand nous voulons apprendre quelque chose, jouer de la musique, pratiquer un sport, nous nous entraînons ! Personne n'a jamais appris à nager dans un livre ! Il en est de même pour la méditation. Matthieu Ricard appelle cela l'« entraînement de l'esprit ». Cet entraînement nous connecte à cette qualité de présence, même dans les moments difficiles ! Cela nécessite que nous prenions le temps de le faire quotidiennement.

5e partie

LA MÉDITATION DANS LES GESTES DU QUOTIDIEN

« Vivre en pleine conscience, ralentir son pas et goûter chaque seconde et chaque respiration, cela suffit »
Tich Nath Hanh[11].

En parallèle de la pratique de la méditation que l'on appelle « pratique formelle » et qui consiste à prendre un temps régulier pour méditer, il y a la « pratique informelle » qui correspond à une pratique à travers les activités de la vie quotidienne. En choisissant d'être plus conscient pendant les activités et les pauses dans notre journée, nous apprécierons davantage chaque instant, nous nous sentirons plus calmes et plus paisibles. Et nous resterons en contact avec nous-mêmes !

11 *La Plénitude de l'instant*, Marabout, 2007.

RACCROCHER AVEC SOI À TOUT MOMENT

Ralentir ! Nous qui vivons dans un environnement agité et bruyant, nous avons du mal à ralentir notre pas ! De plus, nous sommes sans arrêt interrompus : téléphone, mail, texto… À tel point que pour certains, il est difficile de se concentrer. Cette carence de continuité, cette agitation, ce surbooking des agendas sont une cause importante de souffrance psychique et génèrent du stress. Nos besoins fondamentaux ne sont plus respectés.

La méditation, toujours à portée de main

Prendre le temps de ralentir, prendre le temps de méditer nous permet de savourer l'existence et de vivre cette époque survoltée sans y laisser trop de plumes !
La méditation de pleine conscience est un outil portable : nous pouvons pratiquer l'attention consciente n'importe quand et n'importe où, pas seulement sur notre chaise ou notre coussin. Nous pouvons cultiver un état d'attention consciente tout en faisant un exposé, en donnant à manger à notre chien ou en saluant un ami ou un collègue. Nous donnons ainsi plus de profondeur à nos expériences de la vie quotidienne, nous nous libérons de nos habitudes mentales et émotionnelles.

Chaque fois que nous ne sommes pas en pleine conscience, nous accomplissons nos actes comme un pilote automatique. Lâcher ce pilote que nous avons déjà évoqué, c'est **être présent à ce qui est à 100 %**, avec nos cinq sens. Nous sommes alors plus centrés, davantage en lien avec notre corps et avec notre ressenti.

La pratique de la pleine conscience dans la vie de tous les jours nous ouvre de nouvelles portes dont la possibilité de trouver des solutions créatives aux problèmes de la vie courante. Tous les petits changements que nous réalisons s'additionnent. Le stress diminue, la dépression devient plus gérable, et nous commençons à nous centrer davantage.

Et si nous commencions la journée dans l'attention consciente ?

Quand on suit la course du 100 mètres aux jeux Olympiques, on voit les athlètes s'entraîner avant le départ. Mais au moment où ils se préparent dans les starting-blocks, ils sont soudains immobiles, totalement concentrés dans l'attente du coup de feu qui donne le départ de la course. Au départ, c'est donc l'immobilité : commençons notre journée dans le calme intérieur avec une séance de méditation de pleine conscience avec une pratique formelle (voir p. 85 et 90). Nous pouvons aussi nous asseoir et sentir le flux et le reflux tranquille de notre respiration, ou écouter le chant matinal des oiseaux, ou passer un moment dans notre jardin à regarder les fleurs et les arbres.

Réveillons-nous en pleine conscience

Au moment du réveil dans notre lit, explorons les sensations de notre corps, la détente, les tensions et observons notre respiration, explorons notre humeur : comment nous sentons-nous ce matin ? Comment se présentent nos pensées et nos émotions ?

Lorsque nous nous levons, soyons présents au geste que nous effectuons : soulever la couette, relever notre corps, poser les pieds sur le sol en étant attentifs à nos sensations.

Si nous prenons notre douche, prenons le temps de ressentir les sensations de l'eau qui s'écoule sur notre peau, les zones où c'est agréable, les zones où c'est moins agréable, sa chaleur, sa fraîcheur. Respirons l'odeur du gel douche et portons attention au geste et au contact de notre main sur la peau. Demeurons attentifs à tous nos sens en éveil. Portons notre attention au mouvement de la serviette sur notre corps et habillons-nous avec lenteur en contact avec chaque geste, avec chaque sensation.

Chaque matin, nous réalisons mécaniquement mille et un gestes (se laver les dents, se raser, remplir ou vider le lave-vaisselle, etc.), autant d'occasions de pratiquer la méditation de pleine conscience.
Une autre possibilité est de se lever plus tôt pour prendre notre petit déjeuner en pleine conscience, le savourant pleinement avec tous nos sens.

La conscience à 100 % dans une activité

À partir d'une activité quotidienne que nous choisissons de vivre en pleine conscience, voici un schéma qui peut nous aider :

- Mettons de la conscience dans ce que nous faisons : notre respiration, nos gestes.
- Portons notre attention sur notre corps et sur nos mouvements dans le moment présent.

Accueillons avec **bienveillance** tout ce qui se passe en nous : tensions, détentes, irritation dans notre corps, nos muscles en mouvement, nos pensées ou émotions qui surviennent. Laissons-les passer en conscience. Thich Nath Hanh nous donne ce conseil : « *Quelle que soit la tâche que vous effectuez, faites-la lentement, tranquillement, avec l'attention qu'elle mérite. Ne la bâclez pas pour en finir. Soyez relaxé en toute chose et portez-y toute votre attention.* »

C'est sans doute un vrai défi d'être plus conscient au quotidien. Bob Sthal et Elisha Goldstein nous proposent d'en faire un mode de vie : « *Dès l'instant où vous vous réveillez jusqu'à celui où vous vous couchez, vous avez une multitude d'occasions de faire de la pleine conscience un mode de vie.* »

MÉDITER AU BUREAU

En arrivant au travail, on a vite fait d'être emporté par le mouvement et d'oublier de porter une attention consciente sur ce que l'on fait. Le téléphone sonne, les courriers électroniques s'accumulent dans la messagerie et on est sollicité pour participer à des réunions interminables.

Quelle que soit votre activité professionnelle, votre attention sera extrêmement sollicitée. Cette perte d'attention habituelle et cet enchaînement d'activités sans penser profondément à ce que vous faites caractérisent ce que l'on appelle le mode *pilote automatique*. Pour changer de mode, c'est-à-dire passer en mode « attention consciente », pratiquez des mini-méditations de 1 à 3 minutes, en éprouvant la sensation de l'air que vous inspirez et que vous expirez. Nous avons déjà vu l'exercice du STOP, nous vous proposons aussi d'utiliser les 3 minutes d'espace de respiration.

Pratique des 3 minutes de respiration

Au cours de la journée, nous avons tous besoin de souffler et de faire des pauses. Cette méditation rapide crée un espace de respiration pour revenir à soi et se remettre en pleine conscience. C'est aussi un excellent interrupteur de stress et une belle façon de prendre connaissance de notre météo intérieure. Elle se décompose en trois étapes d'une minute chacune.

Trois minutes d'espace de respiration

Minute 1 – *Ouvrons la conscience à ce qui se passe maintenant et à ce qui nous traverse : quelles sont nos pensées ? Quelles sont nos émotions ? Quelles sont nos sensations corporelles ? Y a-t-il des tensions dans notre corps ?*

Minute 2 – *Focalisons notre attention sur notre souffle. Le va-et-vient de l'inspiration et de l'expiration sur toute sa longueur, le ventre, les mouvements de l'abdomen, l'air qui entre et qui sort du nez. La respiration est notre ancre qui nous ramène à la pleine conscience de nous-mêmes.*

Minute 3 – Élargissons notre attention au corps tout entier, accueillons les tensions, les malaises, observons les sensations dans les épaules, le cou, le dos, le visage, tout en continuant de respirer dans le corps tout entier. Et sourions en nous félicitant de prendre soin de nous !

En pratiquant régulièrement – au moins trois fois par jour – cet espace de respiration, nous nous apercevrons vite que les pensées deviennent plus claires, les décisions à prendre plus justes, les actions plus alignées.
Quand ? Nous pouvons pratiquer ces mini-méditations à des heures planifiées ou bien entre deux activités, quand nous avons terminé une tâche avant de passer à la suivante. Nous pouvons aussi programmer une sonnerie ou convenir d'un code : chaque fois que mon regard tombe sur telle photo, je prends au moins trois respirations en conscience et plus si j'ai le temps.
Ainsi nous resterons calmes et concentrés plutôt que d'être nerveux et agités. Ainsi nous nous sentirons moins fatigués en fin de journée et en fin de semaine.
Comment ? Choisissons la posture qui nous convient, la colonne vertébrale souple et droite.

Où ? Nous pouvons pratiquer la mini-méditation n'importe où, tant que nous sommes à l'aise. En général, il est plus facile de méditer les yeux fermés, mais ce n'est pas si facile quand on est sur son lieu de travail !

Nous pouvons garder les yeux ouverts et diriger doucement notre regard sur un objet tout en concentrant notre attention à l'intérieur de nous-mêmes.

Si nous sommes dehors, marchons lentement pendant quelques minutes en sentant notre respiration et en prenant note des sensations occasionnées par le contact des pieds avec le sol.

Travailler dans l'attention consciente

Travailler dans l'attention consciente, c'est simplement être conscient de tout ce que nous faisons quand nous travaillons. Voici quelques exemples :

- **En tapant un texte,** remarquons la sensation des touches sous nos doigts. Prenons note de la vitesse à laquelle notre esprit transcrit une pensée en action sur les touches du clavier. Ne frappons-nous pas les touches avec trop de force ? Nos épaules sont-elles détendues ? Notre visage n'est-il pas plus froncé que nécessaire ? Qu'en est-il de notre posture ?
- **Avant d'écrire ou de relire un e-mail,** inspirons. Est-il vraiment important de le préparer

et de l'envoyer juste maintenant ? Réfléchissons quelques instants à ce que doit être la teneur du message, et songeons que c'est un être humain qui va le recevoir – et non pas seulement un ordinateur. Après avoir envoyé ce message, prenons le temps de sentir notre respiration.

- **Quand le téléphone sonne,** que le bruit de la sonnerie soit pour nous un rappel de l'importance à pratiquer l'attention consciente. Laissons sonner plusieurs fois avant de répondre. Profitons de ce laps de temps pour être attentifs à notre respiration et à notre posture. Quand nous décrochons, parlons et écoutons avec une attention consciente. Si le cœur nous en dit, sourions gentiment tout en parlant et en écoutant, et prenons conscience de l'effet que cela produit.
- **Finir sa journée en lâchant prise :** il est parfois difficile de quitter mentalement son travail en rentrant chez soi. Un petit rituel en pleine conscience peut être proposé : mettons dans une boîte toutes nos pensées sur le travail et annonçons : je les retrouverai demain ! Prenons maintenant 3 minutes de respiration en nous ancrant dans notre respiration et notre corps ici et maintenant.

Quelle que soit votre activité, exercez-la avec une attention consciente. L'attention consciente nous permet d'agir de façon cohérente et efficace.

Relions nos sens à ce que nous faisons. Chaque fois que notre esprit commence à vagabonder, redirigeons doucement notre attention sur le moment présent.

Recourons aux mini-méditations pour rester conscient et en éveil au travail. Les méditations sont comme des réverbères, elles nous permettent d'avoir de la lumière et de clarifier les choses partout où nous sommes.

PRATIQUER AVEC TOUS SES SENS

Au-delà de la pratique méditative formelle, qui est centrée sur notre intériorité, la méditation de pleine conscience au quotidien nous permet de nous ouvrir pleinement à ce qui se passe aussi à l'extérieur de nous, par le canal de tous nos sens : la vue, l'ouïe, l'odorat, le contact, le goût. Dans le programme MBSR et MBCT, la première méditation, celle du grain de raisin, nous propose de nous relier à tous nos sens. C'est une belle façon d'entrer dans notre corps et de relier corps et esprit. C'est aussi un enseignement qui peut avoir des prolongements dans notre vie quotidienne : quelle place je fais à mes sens ?

Suis-je vraiment au contact de ce qui se passe dans l'ici et maintenant ?

L'exercice du grain de raisin

Nous allons nous procurer un grain de raisin et le placer dans la main. Nous allons l'explorer avec la curiosité du débutant, successivement avec nos cinq sens.

Méditation du grain de raisin

Remercions-nous d'être là aujourd'hui pour faire une nouvelle expérience et méditer en pleine conscience.
Prenons un raisin sec. Imaginons que nous sommes un Martien, que nous arrivons ici sur la Terre et que nous ne connaissons pas cet objet. Nous allons l'observer avec curiosité, avec nos cinq sens :
Explorons cet objet avec un œil nouveau : sa couleur, sa forme, sa taille, sa texture, les plis et les creux, tous ses détails, comme si nous les voyions pour la première fois...
Observons-le très attentivement.
Continuons avec le toucher : les sensations dans les doigts.
Soyons attentifs à la sensation que procure cet objet dans les doigts ou la main : son poids, sa température, sa forme, sa taille.

Poursuivons avec l'odorat. Approchons cet objet du nez : soyons conscient du mouvement du bras lorsqu'il s'approche du nez.
Humons l'odeur de cet objet, respirons en conscience cette odeur.
Continuons avec l'ouïe : approchons cet objet de l'oreille, soyons conscient du bras qui monte… Faisons tourner l'objet dans les doigts et écoutons le crissement, le crépitement ou tout autre chose.
Poursuivons l'expérience avec un autre contact : approchons le raisin de la bouche. Remarquons s'il fait saliver.
Touchons-le du bout des lèvres, ressentons les sensations que cela nous procure à son contact.
Mettons-le dans la bouche, au contact de la langue, avec les gencives, avec les dents. La langue peut explorer les contours, la texture, la consistance, le poids.
Déplaçons-le dans la bouche, remarquons la dextérité de la langue pour y parvenir.
Croquons-le juste une fois, pour goûter ce que cela fait.
Commençons à le mâcher lentement, étant au contact du goût qui se dégage peu à peu dans sa nature changeante, la consistance qui se modifie jusqu'à l'avaler.
Suivons son trajet dans la gorge jusqu'à l'estomac…

Réflexion après cette pratique

Quelles sont les sensations que nous éprouvons maintenant ?

Que ressentons-nous sur l'ensemble de notre corps ?

Comment allons-nous manger du raisin maintenant ? Et les autres aliments ?

Qu'avons-nous appris ou découvert ?

Manger en pleine conscience

Cette pratique du grain de raisin nous amène à reconsidérer la façon dont nous mangeons habituellement ! Pour le Dr Jan Chozen Bays : « Le problème fondamental, c'est le manque de conscience : nous mangeons sans faire attention à ce qui se passe. » Manger tranquillement en mastiquant, apprécier les saveurs, faire de nos repas des moments de plaisir, une belle façon de pratiquer la méditation de pleine conscience trois fois par jour !

Mangeons un repas en pleine conscience

Regardons notre assiette, les aliments qu'elle contient : leur texture, leur couleur, leur forme. Respirons l'odeur

de cette assiette. Observons si nous salivons. Respirons et humons les odeurs qui s'en dégagent. Prenons la fourchette et approchons-la vers la bouche avec la conscience du mouvement effectué. Mâchons lentement chaque bouchée en prenant le temps de déguster avant d'avaler. Observons le goût qui change au fur et à mesure de la mastication. Est-ce agréable ? désagréable ? Suivons le trajet dans l'estomac, avant de reprendre une nouvelle bouchée et respirons.
Continuons le repas en posant la fourchette après chaque bouchée.
Soyons attentifs au moment où nous sommes rassasiés. Que se passe-t-il alors ? Envie de plus ? Soyons conscients de notre choix de poursuivre ou non le repas, des besoins de notre corps. Respirons quelques instants quand nous avons terminé.
Quel est notre ressenti après ce repas en pleine conscience ?

Mangeons de cette manière une fois par jour pendant une semaine ou deux et prenons conscience de l'impact de cette nouvelle habitude sur notre corps, sur notre stress, sur notre fatigue…

Quelques pauses sensorielles

Nous voyons que la vie nous offre chaque jour de nombreuses occasions de nous exercer et de nous recentrer. Voici encore quelques pauses sensorielles que nous pouvons pratiquer.

Prendre sa pause-café ou thé en pleine conscience

Regardons le thé ou le café : sa couleur, son aspect. Humons son odeur, écoutons sa sonorité lorsqu'il s'écoule dans la tasse. Prenons le temps de déguster lentement, gorgée après gorgée. Ressentons le trajet du liquide chaud dans la bouche et dans la gorge, les sensations que cela déclenche. Soyons attentifs aux émotions que cela suggère.

Félicitons-nous d'avoir choisi de prendre ce moment en pleine conscience, une pause salutaire dans notre journée.

Pause minute des cinq sens

Cette pause des cinq sens nous ramène à notre corps, dans notre espace d'« être ».

Arrêtons-nous ! Regardons ce qui se passe à l'extérieur, allons dehors ou observons de la fenêtre. Focalisons

notre attention sur ce qui est à voir en cet instant : les formes, les couleurs, la luminosité, l'ombre, les contours.
Laissons la vision en arrière-plan et écoutons les sonorités que propose notre environnement : les sons sourds, les sons aigus, le chant des oiseaux, et le silence entre deux sons.
Puis, si nous sommes à l'extérieur, posons les mains sur le tronc d'un arbre, pour sentir sa texture, sa chaleur, son énergie, et observer notre ressenti à ce contact.
Puis respirons les odeurs qui nous environnement, quelles sont-elles ? Sont-elles agréables, désagréables, neutres ?
Peut-être y a-t-il quelque chose à goûter dans notre entourage, un brin d'herbe par exemple : le mettre à la bouche pour en ressentir le goût.
Comment nous sentons-nous après cette pause des cinq sens ?

Prenons quelques minutes au contact d'une fleur

La contemplation nous sort de notre mental débordant !
Regardons son aspect, sa forme, sa couleur, sa tige, ses feuilles, les reflets de la lumière et des ombres.
Écoutons les insectes qui butinent peut-être ou le silence autour. Inspirons son odeur plusieurs fois pour

expérimenter pleinement son parfum. Remarquons combien chaque inspiration change notre expérience de cette fragrance. Remercions cette fleur dans sa beauté d'être.
Comment nous sentons-nous maintenant ?

Toutes ces pratiques de méditation formelles ou informelles nous amènent à vivre plus dans l'être. Jon Kabat-Zinn nous dit aussi que « la nature de la pratique de la pleine conscience est surtout de la douceur, de l'appréciation et une façon de prendre soin de soi. Nous pourrions aussi appeler cela vivre l'instant de tout notre cœur ».

6e partie

DÉPASSER LES FREINS À LA MÉDITATION

La méditation n'est pas un long fleuve tranquille malgré son apparente simplicité. Au cours de la pratique, des obstacles peuvent se présenter. Ne les laissez pas entraver votre chemin. Pour chaque difficulté, des solutions existent.

C'EST DIFFICILE DE TROUVER LE TEMPS DE MÉDITER !

Nous avons tous des vies bien occupées. Malgré tout, nous trouvons chaque jour du temps pour nous laver, manger, effectuer les tâches ménagères indispensables, nous prenons le temps de jouer avec nos enfants, de sortir avec des amis, nous avons une vie sociale. Si l'une de ces tâches n'est pas réalisée, nous nous sentons mal à l'aise, car nous ressentons un déséquilibre. Bientôt, quand vous ne pratiquerez pas, vous aurez cette même sensation de manque. Nous nous habituons à ce rendez-vous avec nous-mêmes ! Que nous décidions de méditer pendant 5 minutes ou pendant 1 heure, le fait d'instaurer un lien quotidien avec la méditation a un effet profond sur notre vie. Nous pouvons aussi pratiquer la pleine conscience informelle régulièrement dans beaucoup d'actions de notre vie quotidienne.

« Je n'ai pas le temps pour méditer », que faire ?

Accueillons cette idée avec curiosité et prenons un moment pour méditer dessus.

Revoyons notre engagement à commencer à méditer (voir nos intentions, p. 58).

Commençons progressivement, personne ne nous demande de faire 45 minutes de méditation par jour. Commençons à notre rythme et lâchons notre recherche de la perfection qui nous empêche de commencer.

En réalité, la pratique de la méditation de pleine conscience nous fait gagner du temps. Des études montrent que les gens qui méditent travaillent plus efficacement que les autres. On pourrait dire aussi que la méditation crée le temps.

MON ESPRIT EST TOUJOURS AGITÉ

L'agitation se caractérise par une énergie débordante et par un état mental qui est celui de beaucoup de gens pendant leur journée de travail. Vous courez toute la journée, car vous avez mille choses à faire, et quand vous vous asseyez pour méditer, votre esprit continue sa course.

Pour lutter contre l'agitation

Commençons notre méditation par des mouvements avec une attention consciente : une marche méditative ou des étirements.

Prenons cette agitation comme objet d'attention et observons ce qui se passe : sentons cette agitation dans le corps, écoutons ce que notre mental nous dit et continuons à méditer. Cette méditation est puissante, c'est une discipline par laquelle nous entraînons notre mental à faire ce que nous lui demandons de faire, au lieu que ce soit l'inverse. C'est nous qui exerçons le contrôle. Nous pouvons observer cela comme un spectacle qui se déroulerait dans notre mental, y porter mentalement notre respiration et rediriger notre attention vers l'inspiration et l'expiration.

JE SUIS SUBMERGÉ PAR MES ÉMOTIONS

Un certain nombre d'entre nous vit des émotions difficiles à gérer. Nous pouvons souffrir de dépression, d'anxiété ou de stress. Parfois nous luttons contre la colère, le manque de confiance. Nous pouvons avoir l'impression de passer notre vie à lutter contre nos émotions, parfois être las de lutter !

Face à une émotion perturbatrice

Nommer ses émotions et accepter de les ressentir sont des clés pour vivre autrement.

La prochaine fois que nous serons confrontés à des émotions difficiles, que ce soit en méditant ou non, essayons l'exercice suivant :

1. *Asseyons-nous, le dos droit mais pas raide.*
2. *Sentons l'émotion présente dans l'ici et maintenant.*
3. *Nommons mentalement cette émotion, et répétons le mot choisi (par exemple « peur, peur »).*
4. *Remarquons notre désir de nous débarrasser de cette émotion, et autant que nous le pourrons, acceptons-la doucement.*
5. *Soyons conscients de l'endroit de notre corps dans lequel nous sentons cette émotion se manifester*

(la plupart du temps, les émotions engendrent une sensation physique).

6. *Observons les pensées qui nous traversent l'esprit.*
7. *Respirons dans cette émotion, et, avec une attitude d'accueil et de bienveillance, laissons notre respiration nous aider à observer ce que nous ressentons.*
8. *Pendant quelques instants, prenons conscience de l'effet de cet exercice sur l'émotion en question.*

Contempler notre émotion. Essayons de percevoir la délicatesse de cet exercice. Contemplons notre émotion comme nous contemplerions une fleur : examinons ses pétales, sentons son parfum et traitons-la avec douceur. Disons-nous que cette émotion veut nous parler, et écoutons-la. C'est là tout le contraire de la façon dont les gens ont l'habitude de gérer une émotion, en la refoulant et en la fuyant. Si tout cela vous semble insurmontable, allons-y pas à pas.

Peu importe que ce pas soit minuscule : ce qui compte, c'est l'intention de nous rapprocher de cette émotion difficile plutôt que de fuir. Même un tout petit pas représente une différence considérable, car c'est le début d'un renversement de tendance. C'est là l'effet boule de neige positif de la méditation de pleine conscience.

La première fois que nous affrontons des émotions difficiles, il se peut qu'elles s'intensifient, du fait que nous leur accordons de l'attention. C'est absolument normal. Tâchons de ne pas être effrayés par nos émotions et de ne pas les fuir. Donnons-nous du temps, et nous nous rendrons compte que nos émotions fluctuent et changent, qu'elles ne sont pas fixes, contrairement à ce que nous avons toujours cru.

JE M'ENNUIE

L'ennui et l'agitation sont comme deux extrémités opposées sur une échelle énergétique. L'ennui est associé à un manque d'enthousiasme et d'implication. La méditation de pleine conscience consiste à observer ces deux états et à trouver un équilibre entre les deux.

Au premier abord, on pourrait penser que la méditation est l'activité la plus ennuyeuse qui soit. Rester assis et ne rien faire, quoi de moins intéressant ?

Si nous nous ennuyons pendant notre méditation, c'est que nous ne sommes pas vraiment dans l'attention consciente. De façon générale, on s'ennuie quand on n'est pas relié à ses sens ou quand on songe au passé ou au futur plutôt qu'au présent. Si vous trouvez ennuyeux d'être attentif à votre respiration, imaginez ce qui se produirait si l'on vous plongeait la tête dans l'eau : la respiration deviendrait tout à coup pour vous quelque chose de très intéressant ! Chacune de vos respirations est unique et différente. Remarquer en soi un sentiment d'ennui et rediriger son attention sur sa respiration, tout cela fait très naturellement partie du processus de méditation de pleine conscience. La technique suivante vous permettra de travailler sur le sentiment d'ennui pendant la méditation.

Faire face au sentiment d'ennui

Reconnaissons le sentiment d'ennui. Lorsque ce sentiment fait surface, acceptons-le tout de suite. Remarquons les pensées qui nous traversent l'esprit. Nous pensons peut-être : « Oh, je m'en moque ! » ou bien : « Quel est le sens de tout cela ? »

Éprouvons de l'intérêt pour cet ennui. Soyons curieux. D'où vient ce sentiment d'ennui ? Où va-t-il ? Pouvons-nous en éprouver la sensation dans certaines parties de notre corps ? Remarquons cette envie qui nous gagne peut-être de dormir, ou de passer à autre chose.

Portons notre attention sur les sensations de la respiration, et voyons ce qu'il advient de ce sentiment d'ennui.
Prenons du recul par rapport à l'émotion associée à l'ennui. Si nous sommes conscients de cet ennui, nous ne sommes pas dans l'ennui. Observons l'ennui depuis cette perspective, avec une conscience décentrée et détachée, comme si l'ennui était une chose complètement distincte de nous : les pensées, les sensations qui nous traversent. Ils perdront de leur force peu à peu.

JE M'ENDORS RÉGULIÈREMENT PENDANT LA MÉDITATION

L'attention consciente est l'opposé du sommeil. Quand nous nous endormons, notre niveau de conscience est plus faible que pendant notre activité normale. Au contraire, la méditation sert à élever notre niveau de conscience, de telle sorte que nous soyons plus conscients encore qu'habituellement.
Parfois, votre mental vous transmet une certaine envie de dormir afin d'éviter de pratiquer la méditation. Se

sentir somnolent pendant une séance de méditation est un phénomène très courant, et si cela vous arrive, sachez que vous êtes loin d'être un cas isolé. Ne vous le reprochez surtout pas !

Cette envie de dormir est un stratagème de notre esprit, destiné à nous empêcher de nous confronter à des pensées ou des émotions difficiles. Si nous commençons à avoir sommeil, reconnaissons cette sensation.

Affronter cette envie de dormir

Assurons-nous de dormir suffisamment.
Pratiquons quelques respirations lentes et profondes. Recommençons plusieurs fois, jusqu'à nous sentir plus éveillés.
Ne prenons pas un repas copieux avant de méditer.
Pratiquons des étirements avec une attention consciente, ou de la marche consciente. Ensuite, retournons à notre méditation assise ou allongée.
Essayons de méditer à différents moments de la journée.
Ouvrons les yeux et accueillons la lumière.
Prenons conscience de cet état mental que l'on appelle la somnolence.

LA POSITION EST INCONFORTABLE ET ME PROVOQUE DES DOULEURS

La position assise peut paraître inconfortable quand on débute. Revoyons les conseils donnés dans la troisième partie pour adopter une posture qui vous convienne. Il est parfois important de pouvoir assumer cet inconfort pour vous lancer dans cette aventure de la méditation. Peu à peu, il s'atténuera.

Faire face à la douleur

Souvent, nous nous identifions à la douleur. La suggestion est d'accueillir et d'observer cette douleur comme si c'était la première fois.
Observons son intensité, sa localisation, son expansion ou pas… Respirons dedans. Respirons autour de la douleur.
Observons les changements dans les sensations. Une douleur, tout comme les pensées et les émotions, est impermanente. Observons ces changements et revenons à notre souffle.
Ressentons pour terminer toutes les autres parties du corps où les sensations sont agréables.

JE VEUX Y ARRIVER TOUT DE SUITE !

La méditation de pleine conscience est un processus à long terme : plus nous pratiquons, plus nous en tirons profit ! Ce n'est pas une simple technique qui produit immédiatement des résultats. La méditation vous apprend aussi la patience ! Quelle chance de bénéficier d'un tel enseignement ! Elle est comme une graine mise en terre. Laissons-la grandir en l'arrosant…

Nous pouvons entraîner notre cerveau à devenir plus patient, et c'est là un « muscle » qui vaut la peine d'être développé. Il faut de la patience pour parvenir à se relier à sa respiration et à ses sens. Vous êtes impatient ? En continuant de nous exercer à méditer, nous faisons travailler notre « muscle » de la patience. Observons cette sensation d'inconfort. Notre impatience reste-t-elle la même, ou évolue-t-elle ? Rester immobile quand on est impatient est pénible, mais le sentiment d'impatience et la sensation d'inconfort s'atténuent progressivement. Persévérons !

Si nous sommes débutants, nous serons peut-être impatients de constater des résultats que nous avons évoqués en première partie. Mais plus on est impatient, moins les résultats s'expriment ! Décidons pendant combien de temps nous allons méditer et tenons-nous-en à notre décision.

JE ME JUGE PENDANT LA MÉDITATION

Parfois beaucoup de pensées vous assaillent, des pensées contre-productives qui provoquent des tensions dans le corps, du genre :

- La méditation, ce n'est pas pour moi !
- Je suis incapable de méditer.
- Je suis nul, je n'y arriverai jamais.
- Je ne peux pas rester immobile.
- Je n'ai pas de patience.
- Je perds mon temps.

Peut-être ces événements mentaux qui vous viennent en méditation signifient : je n'aime pas l'introspection et ce qu'elle provoque quand je médite ? Ou tout autre chose ? Toutes ces pensées qui nous assaillent parlent de nous et de comment nous fonctionnons. Notons ce qui se passe avec détachement, nous ne sommes pas nos pensées, ne l'oublions pas, et revenons à la respiration.

Rappel de quelques suggestions

- Lâchons dans la méditation toute idée de réussite ou d'échec, il n'y a pas de compétition.
- Lâchons toute attente sur ce que la méditation peut nous apporter dans l'immédiat. Dans le temps présent, expérimentons !

- Quand une nouvelle expérience se présente : pensée, émotion, sensation, disons-nous : « je l'accueille, c'est juste la façon dont les choses se présentent à moi maintenant ». Observons que nos pensées, nos émotions, nos sensations sont éphémères. Tout n'est qu'une expérience du moment, rien de plus !
- Ne pas vouloir faire des efforts pendant la méditation. Le seul effort à faire quand on commence, c'est de pratiquer quotidiennement.
- Observons le changement ! Quand nous pratiquons, nous ouvrons la voie à de nouvelles autoroutes neuronales, qui se relieront les unes aux autres pour former un énorme réseau favorisant la formation d'une habitude saine, activant des changements.
- Et abordons nos difficultés avec bienveillance. Nous sommes souvent très durs avec nous-mêmes, nous avons tendance à nous critiquer, cette tendance peut devenir une réaction automatique face à une difficulté ou une erreur. C'est notre voix intérieure qui s'exprime. Écoutons cette voix et donnons-lui la possibilité de nous dire ce qu'elle a à nous dire, mais de le faire dans la délicatesse ! Un léger changement d'attitude, dans un sens favorable à ces pensées, suffit pour que nous abordions les difficultés d'une façon nouvelle.

Contre une inquiétude vivace

Si un souvenir vivace ou une inquiétude marquée à propos d'une difficulté passée ou présente prend forme dans notre esprit pendant notre méditation, procédons comme suit :

1. *Prenons conscience du fait qu'une pensée problématique nous est venue et continue de capter notre attention.*
2. *Observons quel effet cette difficulté exerce sur notre corps et quelles sont nos émotions à cet instant.*
3. *Écoutons cette difficulté comme nous écouterions un ami nous parler d'un problème, avec empathie plutôt qu'avec un esprit critique.*
4. *Disons-nous : « Tout va bien. Quelle que soit la difficulté, tout va bien. » Éprouvons la sensation de cette difficulté.*
5. *Acceptons la difficulté telle qu'elle est actuellement.*
6. *Respirons dans cette difficulté, et restons dans ces sensations, même si elles semblent s'intensifier au début.*
7. *Quand nous sommes prêts, redirigeons doucement notre attention sur l'objet de la méditation.*

UN PETIT POINT SUR NOTRE PRATIQUE MAINTENANT

Ce qui m'aide dans ma pratique	Ce qui ne m'aide pas dans ma pratique
Exemples : Méditer en groupe. Me centrer sur le présent, dans les mouvements de yoga et la marche. Sortir du pilote automatique. Le silence. Prendre du temps pour moi. Prendre soin de moi en méditant. Gérer mes émotions avec la respiration. **Et pour moi ?**	*Exemples :* Me poser plein de questions. Me poser un défi, un challenge par rapport à la méditation. Me demander si ça va vraiment marcher. Rester en mode automatique. Les critiques sur moi ou sur les autres. Me battre contre mes pensées et mes émotions. **Et pour moi ?** ....

ET POUR TERMINER…

Pour calmer un peu notre mental, revenons à notre présence avec une pause de respiration consciente.

Une pause respiration

Reprenons maintenant contact avec notre corps et notre souffle, l'inspiration, l'expiration, ce va-et-vient naturel qui est notre ancre. Puis revenons à notre corps tout entier. Comment nous sentons-nous après la lecture de tous ces obstacles ? Y a-t-il des tensions ? Dans quelles zones du corps ? Ce que nous avons lu a-t-il fait résonner quelque chose en nous ? Notons ces pensées, ces émotions, leur endroit dans le corps, et revenons avec bienveillance dans notre souffle, respiration après respiration.

7e partie

•

S'OUVRIR À LA COMPASSION ET À LA BIENVEILLANCE

La pratique de la méditation nous ouvre à plus de compassion et de bienveillance envers autrui.

La compassion est l'aptitude à ressentir la souffrance de l'autre, animé d'une intention d'amour. C'est une prédisposition à percevoir, reconnaître et ressentir la douleur et la souffrance de l'autre, animé par un profond sentiment d'amour de l'autre. La bienveillance est une aptitude qui vous pousse à l'indulgence et à la compréhension, à l'égard de nous et des autres.

La méditation, un chemin vers soi

Nous sommes invités à considérer la compassion et la bienveillance comme des bienfaits extraordinaires, aussi essentiel que le soleil dans toute sa splendeur.

En pratiquant la compassion et la bienveillance, nous modifions notre vie. Soyons compatissants et bienveillants envers nous-mêmes !

Portons un regard bienveillant sur nous-mêmes !

Prenons quelques instants pour repérer notre degré de bienveillance à notre égard : un peu, beaucoup, pas du tout ?

Quel est le prochain pas pour nous permettre d'augmenter notre indulgence et notre bonté vis-à-vis de nous ? Lâcher les jugements ? Nous accorder du temps ? Nous traiter avec gentillesse ? Prendre soin de nous ? Choisissons de faire ce premier pas dès aujourd'hui.

En nous traitant avec bienveillance, nous pouvons alors porter le même regard sur les autres et nous ouvrir à la compassion.

Une bonne nouvelle : nous pouvons tous développer la compassion et la bienveillance avec la méditation. Les méditations « metta » nous y aident !

… et vers les autres

Les méditations « metta » viennent des pratiques bouddhistes. Il en existe plusieurs versions que vous trouverez sur Internet. Les formulations sont un peu différentes mais toutes cherchent à développer plus de compassion et de bienveillance envers soi-même et envers les autres. Quand nous aurons acquis une certaine expérience de la méditation, nous pourrons pratiquer la méditation « metta ». En la pratiquant régulièrement, nous en tirerons les bienfaits. Elle peut avoir de profonds effets thérapeutiques.

La science des mettas

Ces pratiques ont particulièrement intéressé les chercheurs en neurosciences. Le professeur Richard Davidson, spécialiste réputé du cerveau et son équipe de neuroscientifiques de l'université du Wisconsin à Madison, aux États-Unis, ont montré que les personnes qui pratiquaient la méditation sur le court terme pouvaient développer leur aptitude à la compassion par des méditations de type « metta ». Chez des personnes ayant pratiqué la méditation sur le long terme (plus de 10 000 heures), on a observé des niveaux de bien-être et de compassion jamais enregistrés jusqu'alors avec les techniques d'imagerie cérébrale ! Ces champions de la méditation ont été soumis à des expériences scientifiques bruyantes et désagréables pendant plusieurs heures, et au bout de ce temps, ils étaient souriants : une réaction que les scientifiques n'avaient encore jamais observée dans un tel contexte. Ces scientifiques ont montré que le sentiment de compassion était la plus positive de toutes les émotions positives, et que son pouvoir de guérison du corps et de l'esprit était extrêmement fort.

Un grand nombre de traditions religieuses et de cultures antiques mettent l'accent sur la nécessité d'aimer et de prendre soin de soi-même et des autres. Si nous sommes particulièrement sévères et critiques envers nous-mêmes, la méditation « metta » peut nous servir d'antidote et nous inspirer des sentiments de bienveillance et d'affection. Si cette forme de méditation est efficace, c'est en raison d'un important aspect de la condition humaine : il n'est pas possible d'éprouver de la haine et de l'amour en même temps ; en alimentant l'un, nous dissipons l'autre. La méditation « metta » nous permet de guérir en douceur notre esprit et notre cœur de toutes les douleurs et de toutes les peines.

Faisons preuve de patience envers nous-même et pratiquons-la lentement et avec amour. Nous pouvons changer les mots proposés ci-dessous pour qu'ils soient plus adaptés à notre être profond.

Pratiquer la méditation « metta »

Au fond de chacun, il y a ce désir profond d'aimer et d'être aimé de façon totale, inconditionnelle. Cette méditation de la bienveillance est là pour nous aider à ouvrir notre cœur, à nous-mêmes et aux autres. Apprendre à aimer est un chemin de croissance.

Revenons au moment présent, ce moment est un moment pour être et explorer le corps et l'esprit en étant conscients. Et quand nous nous sentons prêts, nous pouvons diriger notre attention sur le souffle, en pleine conscience, inspirons, expirons, ouverts à tout ce qui se présente à nous ; commençant ainsi à pratiquer la respiration consciente.

Respirons dans notre cœur et envoyons un sentiment de bienveillance à notre égard.

Nous allons explorer certaines qualités que nous souhaiterions pour notre vie. Voyons si certaines phrases viennent de notre cœur pour désigner ce que nous désirons le plus profondément pour nous-mêmes, de façon durable, et que nous puissions souhaiter à tous les êtres. Observons ce qui se produit.

Explorons le sentiment de sécurité : que je sois en sécurité…

En inspirant et en expirant, sentons la force et la vitalité en nous : que je sois en bonne santé…
En inspirant et en expirant, ouvrons-nous à la plénitude du cœur : que je sois heureux…
En inspirant et en expirant, ouvrons-nous à la paix : que je sois en paix…
En inspirant et en expirant, ouvrons-nous à l'amour bienveillant : que je sois rempli d'amour…
Accueillons à présent la sécurité, la santé, le bonheur, la paix et l'amour dans tous les aspects de notre vie…
Que je sois en sécurité et en bonne santé…
Que je sois heureux…
Que je sois en paix…
Que je sois rempli d'amour…
Répétons ces phrases doucement, encore et encore, qu'elles imprègnent notre cœur, et que ces paroles fassent naître un sentiment de bonté envers nous-même. Continuons simplement à répéter doucement ces phrases. Laissons-les résonner.
En inspirant et en expirant, imprégnons-nous de la dimension d'amour sans limite et élargissons le champ de ces qualités incommensurables aux êtres envers qui nous avons de l'estime ; les personnes sages qui nous ont enseignés, les êtres qui comptent pour nous, nos

ancêtres, nos parents, toute notre famille, nos amis, ceux qui nous apportent de l'amour et du soutien et toutes les personnes que nous connaissons. Laissons s'exprimer nos vœux de sécurité, de force, de santé, de bien-être, de bonheur, de paix et d'amour, éprouvons envers eux une profonde reconnaissance.

Qu'ils soient en sécurité et en bonne santé…
Qu'ils soient heureux…
Qu'ils soient en paix…
Qu'ils soient remplis d'amour…

En inspirant et en expirant, incluons maintenant tous les êtres de la Terre, qui souffrent, ceux qui sont malades, ceux qui ont perdu espoir, ceux qui sont seuls, ceux qui vivent dans un pays en guerre, ceux qui souffrent de la faim, de l'oppression, les bourreaux, les victimes. Ouvrons-leur notre cœur compatissant…

Qu'ils soient en sécurité et en bonne santé…
Qu'ils soient heureux…
Qu'ils soient en paix…
Qu'ils soient remplis d'amour…

Élargissons ce champ d'amour bienveillant à tous les êtres humains, tous les êtres humains que nous avons vus au cours de notre vie et aussi à ceux que nous n'avons pas vus :

Que tous les êtres soient en sécurité et en bonne santé…
Qu'ils soient heureux…
Qu'ils soient en paix…
Qu'ils soient remplis d'amour…
Enfin, étendons notre amour bienveillant à tous les êtres vivants, aux animaux, aux végétaux, aux minéraux, à la Terre et à tout l'univers. Puisons dans notre cœur cet amour, cette bienveillance, cette attention et cette compassion et envoyons-leur dans toutes les directions :
Que tous les êtres se sentent bien, en sécurité et en bonne santé…
Qu'ils soient heureux…
Qu'ils soient en paix…
Qu'ils soient remplis d'amour…
Inspirons et expirons et tournons maintenant notre attention vers nous-mêmes et constatons le sentiment de bien-être que nous éprouvons d'avoir souhaité du bien à d'autres. Cela peut nous encourager à continuer à cultiver ces sentiments de compassion et d'amour bienveillant envers nous-mêmes et envers les autres… Remercions-nous d'avoir pratiqué cette méditation de l'amour bienveillant et d'œuvrer pour un monde meilleur.

Les bienfaits ne seront pas seulement pour nous : n'oublions pas que nous sommes tous interconnectés, interreliés. Les méditations « metta » œuvrent pour la guérison du monde aussi. Ainsi, en les pratiquant, nous participons à la paix et à créer un monde meilleur !

POUR ALLER PLUS LOIN

Le monde de la pleine conscience ou *mindfulness* est en plein essor. De nombreux programmes sont maintenant à la disposition de tous, portés notamment par les Américains et les Anglais. Maintenant la France aussi propose des programmes grâce à de nombreuses associations ainsi qu'à l'investissement et la mobilisation de nombreux volontaires.

APPRENDRE ET SE FORMER AUX PROGRAMMES MBSR ET MBCT

Proposés en France depuis 2009, ces cycles de huit semaines permettent d'engager un premier pas dans une pleine conscience laïque et de créer de nouvelles habitudes méditatives. C'est une bonne introduction. Le **programme MBSR** est orienté sur la gestion du stress, le **programme MBCT** est orienté sur l'anxiété et la prévention de la rechute dépressive.

Contact : Association pour le Développement de la Mindfulness (ADM)

- Annuaire des instructeurs MBSR et MBCT pour la France, la Belgique et la Suisse. Réseau des professionnels sur les pratiques et les recherches.
- Espace de réflexion et de pratique de la pleine conscience.
- Formations qualifiantes d'instructeurs MBSR et MBCT.
- Retraites et séminaires de pleine conscience.

Avant de choisir un cycle MBSR ou MBCT, vérifiez que l'instructeur a bien été formé au sein des formations proposées par l'ADM.

Association pour le Développement de la Mindfulness
136, rue de Crimée
75019 Paris
http://www.association-mindfulness.org

LA PLEINE CONSCIENCE POUR LES JEUNES

Depuis deux ans, le monde de l'éducation s'intéresse de près à ces notions pour permettre aux enfants d'accéder à la pratique de la méditation. Le dalaï-lama aime dire que si toute une génération d'enfants était formée à la méditation, nous aurions la paix dans le monde !

Le programme PEACE

L'Association Méditation Enseignement propose le programme PEACE dans les écoles (Pratique de l'Écoute et de l'Attention Consciente à l'École) et des formations pour les intervenants en milieu scolaire et pour les enseignants.

Association A.M.E.
10, chemin Mal-Clabel
31500 Toulouse
www.meditation-enseignement.com

MINDFULNESS EN ENTREPRISE

L'entreprise Google, que tout le monde connaît bien, a été l'une des pionnières dans l'introduction de la pleine conscience dans le monde de l'entreprise par le biais du programme **Search Inside Yourself** de Chade Meng Tan, ainsi que Ford et Carlsberg.
https://siyli.org/

En France, la *mindfulness* pénètre tout doucement mais sûrement des groupes comme L'Oréal, Siemens, EDF, Sodhexo, la Maif. Ils proposent à leurs cadres et salariés des formations à la *mindfulness* pour développer leurs facultés professionnelles, optimiser leurs performances dans une ambiance plus sereine en réduisant le stress professionnel.

D'autres programmes, souvent basés sur le MBSR, sont enseignés dans les entreprises, dans les hôpitaux, pour les malades et les soignants, comme à l'Institut Gustave Roussy de Villejuif.

L'École de management de Grenoble a lancé une **chaire de *Mindfulness*, bien-être au travail et paix économique**.